金商道

The positive thinker sees the invisible, feels the intangible,
and achieves the impossible.

惟正向思考者，能察於未見，感於無形，達於人所不能。 —— 佚名

絕對 續 訂！

訂閱經濟 最關鍵的獲客、養客、留客術

Customer Success

How Innovative Companies Are Reducing Churn
and Growing Recurring Revenue

尼克‧梅塔 Nick Mehta、丹恩‧史坦曼 Dan Steinman、林肯‧墨菲 Lincoln Murphy ── 著

徐立妍── 譯

目錄

推薦序｜客戶不是訂閱服務，而是訂閱成功　吳相勳　007

推薦序｜創作者、訂戶、訂閱平台都成功，

　　　　才有長期訂閱的好結果　林鼎鈞　011

原版推薦序｜訂閱經濟的關鍵就是「客戶成功」　014

第1部　訂閱經濟關鍵課題——客戶成功學的歷史、組織、準則

第1章｜訂閱經濟引發的經常性收入海嘯：

　　　　客戶成功學為什麼突然成為關鍵？　018

第2章｜一訂再訂！客戶成功學策略：新組織 vs. 傳統商業模式　041

第3章｜傳統非經常性收入業者的客戶成功學　063

第2部　訂閱經濟實戰指南——客戶成功學的10個法則

第4章｜客戶成功學實踐　084

第5章｜法則1：訂閱模式要成功，要賣給對的客戶　087

第6章｜法則2：客戶和賣家自然而然會越離越遠　097

第7章｜法則3：客戶對你的期待：你能讓他們超級成功　109

第8章｜法則4：不斷監控並管理客戶健康　121

第9章｜法則5：你再也無法透過私人交情來建立忠誠度　132

第 10 章 ｜ 法則 6：你只能靠產品擴大與其他人的差別　143

第 11 章 ｜ 法則 7：拚命改善創造價值的時間進程　156

第 12 章 ｜ 法則 8：深入了解你的客戶衡量指標　167

第 13 章 ｜ 法則 9：透過嚴格的衡量指標來執行客戶成功學　180

第 14 章 ｜ 法則 10：這是一個由上而下、全公司一起執行的承諾　192

第3部 **客戶長、科技與未來**

第 15 章 ｜ 客戶長的崛起　204

第 16 章 ｜ 客戶成功學科技　220

第 17 章 ｜ 訂閱經濟已來，我們未來往哪裡去？　238

名詞表　252

各界讚譽

　　這個世界正朝著訂閱經濟發展，而這本書就直接針對這股轉變切入討論。聰明的公司再也不會試圖將產品推銷給陌生人，而是找到一群忠心的訂閱者基礎客群，想出如何成長、賺錢並與客群建立長久互惠關係的辦法。客戶成功（Customer Success，也譯為「客戶成功學」）就是這段過程的基礎，而這本書中涵蓋了三個核心面向：哲學、規範和組織，筆鋒犀利而實際。

　　　　　　——左軒霆（Tien Tzuo），祖睿（Zuora）軟體公司創辦人兼執行長

　　身在 Salesforce 公司中見證《絕對續訂！訂閱經濟最關鍵的獲客、養客、留客術》的誕生，我很興奮能看見有一本書聚焦於我個人一直熱切關注的主題，我們在 Salesforce 的成功，其中一部分基礎就來自於本書中的「客戶成功學」，因此能夠看到這本書記錄下這套理論的發展沿革，以及探討未來應用，更是讓人高興。我建議每一位執行長或公司領導者，如果真正想要打造出以客戶成功學為核心的公司，一定要讀這本書。

　　　　　　——吉姆・史提爾（Jim Steele），Insidesales 總裁兼客戶長，

　　　　　　Salesforce 前總裁兼客戶長（十二年半）

　　身為客戶成功學科技的早期投資人之一，看見整個產業呈現快速增長，我覺得特別高興，書中所概略描述的「訂閱海嘯」徹底顛覆了軟體業，迫使眾人專注在一群過去未曾存在的客戶身上，這本書能夠幫助需要了解這個美麗新世界如何運作的人，若是有人想知道如何在訂閱經濟中成功運作的實用指南，這本書也能提供協助。Gainsight 的團隊出力推動了客戶成功學運動，為那些踏上相同旅程的人確切拼湊出這本旅遊指南。

　　　　　　——羅傑・李伊（Roger Lee），貝特律創投（Battery Ventures）普通合夥人

在貝斯墨創投夥伴（Bessemer Venture Partners），我們投資了超過一百家雲端公司，並有幸與產業龍頭合作，包括 LinkedIn 社群、Twilio 雲端通訊、Pinterest 圖片分享、Yelp 美食評論、Shopify 商務軟體和 Box 雲端硬碟等等，我所接觸過的每一家以訂閱服務為基礎的成功公司都有一個共通特色，而這就是客戶成功學不斷強調的重點。不只是說說而已，更是真正關注並投入熱情，因此我很高興終於看見有一本討論這個主題的書，不只是解釋了為什麼這點如此重要，更包括了教導如何執行的實用指南。另外，我也很高興書中不只討論了雲端，同時探討了客戶成功學對於傳統公司和 B2C 公司的重要性。Gainsight 團隊真的做到了，我非常推薦這本書給所有管理高效能組織的主管，了解客戶成功學就能讓公司成功。

——拜倫・迪特（Byron Deeter），

貝斯墨創投夥伴合夥人

在 Infor，我們的業務大部分是在企業軟體，因此我相當高興這本書並不只將客戶成功學套用在雲端公司或是前端應用上，而是清楚解釋為什麼這對所有軟體公司都很重要。我們所生活的客戶經濟中，不管你身處在哪一類產業中，都需要重新聚焦客群，而 Gainsight 團隊非常了解這一點。丹恩的書中集結了相當傑出的各方見解，我們所有人都能受益。

——瑪麗・崔克（Mary Trick），Infor 軟體服務公司客戶長

客戶成功學現在已經是商界常用的詞彙了，但這是最近幾年才出現的。過去十年來出現了戲劇性的革命，而我站在第一線體驗了這股令人興奮的浪潮，從一開始規模較小的軟體即服務（Software as a Service，縮寫 SaaS）公司（SuccessFactors），後來成長為大型企業軟體公司（SAP）中的一分子。客戶成功學的重要性日漸增長，同時各公司也發現要不斷成功、不斷成長，就

要將基礎建立在滿意而不斷更新的客群上。這場革命仍在進行，而讓這場革命如此重要的核心主題依然不變，而丹恩、尼克和林肯在這本書中精確掌握了這些元素。尤其讓我滿意的是，這本書不只是對客戶成功學的哲理討論，並且深入講解實用而可按日實行的原則細節，這是每位執行長和領導者都必須了解的。對我們這些倡導客戶成功學的重要性與革命的人而言，如果我們的主管和董事會成員都能有所理解並支持，就都能受惠。

——瑪麗·帕彭（Mary Poppen），SAP SuccessFactors 客戶長

　　全世界每一家公司都必須將客戶成功學納入考量，這套原則能夠讓 Salesforce 這類公司鶴立雞群不是沒有道理，我就親眼見證了其成效。在 Hearsay，我們最早聘請的就是客戶成功學團隊，而這項投資至今仍不斷讓我們受益良多。恭喜尼克等人的團隊在業界留名青史，並創造了這本價值連城的指南，這本書將會改變你的組織。

——史宗瑋（Clara Shih），Hearsay 數位行銷服務創辦人兼執行長

| 推薦序 |

客戶不是訂閱服務，而是訂閱成功

吳相勳

這本書不是談訂閱服務的大未來，而是札實地談訂閱服務的營運模式。對於訂閱服務的從業人員，書裡的諸多寶貴經驗，避免了走彎路的可能性，更能思考長期的策略與組織發展。對於已經採用或是正在考慮訂閱服務者，可以思索訂閱服務對公司營運實質貢獻為何，更可思索如何與訂閱服務業者協同合作、提升績效。

當我在創投工作期間（2015 年—2018 年），有機會評估數家提供訂閱服務的國內外新創公司。訂閱商業模式的財務評估方式發展得相當成熟，不外乎每月新增訂閱數、流失訂閱數、LTV（顧客終身價值）等評估指標。所有的訂閱模式都期望最大化 LTV，這意味著長期訂閱，時間短則 5 年，長則 10 年以上。之後，當我們著手分析營運模式，馬上意識到軟體訂閱服務，與傳統賣斷式軟體商業模式，有著完全不同的公司營運流程。這個營運流程，正是圍繞在本書所謂的「客戶成功」此一核心價值主張所發展出來的。在閱讀本書時，我一直在想，如果當初我們能有這本書的指引，就能更好地評估訂閱服務新創公司，並協助他們快步前行。

訂閱服務模式意味著什麼？

今日，我們對訂閱服務並不陌生。舉個例子，許多公司、學校、個人都訂閱了 Microsoft 的 Office 服務。如果您是 PowerPoint 的重度使用者，應該會注意到採訂閱服務的 PowerPoint 變得很不同了。看似操作介面沒有什麼明顯變化，但每隔一兩週，就會出現新功能的介紹，教導工作者如何更有效率

地利用新功能完成任務。而且，操作流程越來越智慧化，讓工作者更能專注於創作內容，例如，現在你只要在空白投影片上打上幾句話，PowerPoint自動給予版面設計建議，使用者不必花力氣找素材、配色，就能得到一張頗為專業美觀的頁面。PowerPoint使用者現在開始感受到這個軟體成了工作夥伴，而不只是一個工具軟體。這就是現代訂閱模式與眾不同之處，時時刻刻得讓用戶感受到服務存在的價值。

本書作者們很精確地指出：訂閱，只是一種交易模式，真正對現代商業活動產生影響的是，訂閱服務讓用戶更快速更容易完成任務、獲得成功。訂閱服務得更緊密地與用戶互動，因為，服務提供者可不想花了大把力氣所簽約下來的客戶，在收到了第一期費用之後，從此再不相見。訂閱服務永遠得看長期經營，一開始以較低的每期訂閱價格吸引客戶採用，接著說服客戶長長久久地續訂，更期待客戶加購新推出的功能。

作者指出訂閱服務必然要關注客戶的成功，從而發展出一套協助客戶成功的流程，這並不是客服、售後維護等傳統組織功能所能完成的任務。所謂的客戶成功，即是客戶因為使用了訂閱服務所確切得到的價值。藉由了解客戶所關注的任務項目、衡量成功的績效指標、人員使用訂閱服務的狀態、使用客服的次數等，訂閱服務公司關心客戶的健康程度，深度地參與了客戶的營運流程，更共同承擔了風險。過去，我們說服務業「以客為尊」，現在，在訂閱服務要做到「以共同成功為尊」。

訂閱服務的策略、營運、獲利模式意涵

訂閱服務模式已經是主流的商業模式，基於本書的內容，我以策略、營運、獲利模式三個面向試著協助讀者更深入地與本書對話。

一、策略思維：長期的、用戶導向的、與時俱進的（法則1、3、6）

提供訂閱服務者的策略思維必然是看長不看短。訂閱服務需要密切配合

客戶的生命週期，這就使得服務提供者在設計服務時就得以較長的時間維度來思考（參見法則6：你只能靠產品擴大與其他人的差別），並且促使客戶在不同階段都能感受到價值提升（參見法則3：客戶對你的期待，你能讓他們超級成功）。當訂閱服務從客戶角度思考時，就會發生好的互動關係，服務提供者需要比客戶更往前想幾步，了解客戶未來的需求，以做為服務的發展藍圖（參見法則1：賣給對的客戶）；客戶則是願意將訂閱服務視為發揮競爭力的準內部夥伴，了解服務提供者的發展藍圖，從而維繫持續成長的動能。

二、營運關鍵：鑲嵌的、數據導向的、高低有別的（法則2、4、5、8、9）

　　訂閱服務已不是單純的交易買賣關係，一家公司會跟許多訂閱服務合作，這會是一種新的組織型態。這些訂閱服務之間並不是孤立的（silo），而是以某些協定，相互串聯，也就是說，未來某些公司內會遍布錯綜複雜卻相互協作的訂閱服務（事實上，我們已經觀察到這個現象發生了）！因此，訂閱服務必須緊密跟隨客戶的業務變化，並主動關懷，快速反應（參見法則2：客戶和賣家自然而然會越離越遠）。客戶的一舉一動，都反映在數據上頭。訂閱服務與傳統軟體生意的顯著差異之一，即是訂閱服務可以即時監控客戶的每一個點擊，每一次的互動（參見法則4：不斷監控並管理客戶健康、法則8：深入了解你的客戶衡量指標、法則9：透過嚴格的衡量指標來執行客戶成功學）。

　　在營運方面，作者們反覆提到「高接觸、低接觸、科技接觸」所需要的組織設計與資源配置。高接觸指的是客戶付出高價，購買訂閱服務無微不至的即時照顧，這需要密集人力方能成事。而低接觸的訂閱服務僅以有限人力，搭配固定的調查與訪視，以服務客戶的需要。科技接觸則是以科技手段調查客戶需求與取得回饋，以做為服務改進的依據。少數優秀的訂閱服務公司，可以同時做到三種接觸，然而，多數新創公司在資源有限下，得仔細思考以何種接觸模式贏得客戶（參見法則5：你再也無法透過私人交情來建立

忠誠度）。

三、獲利模式：互利的、價值導向的、向上銷售的（法則7）

訂閱服務期待兩種營收來源：續約與向上銷售。為了讓這兩種營收來源發生，就得讓客戶在盡可能短的時間內體驗訂閱服務帶來的價值，這包括了盡早對標客戶期望，了解客戶衡量成功的指標，以及即時因應調整（參見法則7：拚命改善創造價值的時間進程）。

這本書該怎麼讀？

本書的前半段，觀念清晰、易懂。然而，後半本書，談10個法則，許多觀念重複提及，很難令人專注閱讀（例如，法則4、8、9，內容高度重疊）。究其原因，這是因為這10個法則，並不是真的10個法則，而是來自10位訂閱服務的行業專家，提出他們認為的重要觀點。因此，我建議讀者先拋開「法則」兩字的制約，著重在各專家所提到的最佳實務做法（Best Practice），有營運經驗者很快就會發現書中所提的衡量成功指標，以及組織設計方式是非常有參考價值的。

比較好的閱讀方式是先讀完10個法則以前的內容，然後，銜接第10個法則「這是一個由上而下、全公司一起執行的承諾」，建立您個人的訂閱服務整體觀點。您也可以採取我的閱讀方式，以策略、營運與商業模式架構理解訂閱服務。

相較於全球風起雲湧的訂閱經濟，台灣多數公司還在觀望訂閱服務模式是否可行。這本書的出現，可以讓訂閱服務從業者得到實務指導做法，也讓質疑訂閱服務的決策者，釐清訂閱服務對其策略、營運與商業模式的諸多疑慮。我們期待台灣產業界因訂閱服務而受益，因為，現代訂閱服務訂閱的不只是軟體服務，而是訂閱公司成功之路！

（本文作者為元智大學管理才能發展研究中心主任）

創作者、訂戶、訂閱平台都成功，
才有長期訂閱的好結果

林鼎鈞

正如本書第一章所提到，訂閱模式海嘯已經來襲，現有的企業正由買斷走向訂閱模式，消費者由一次性購買（即擁有），轉向在一段合約時間內付費使用（即訂閱，其身分轉為訂戶）。對提供訂閱服務的企業而言，為了延長客戶預期終身價值（LTV），他們必須投入全副心力、為客戶帶來長久的價值（也就是本書所說的「客戶成功」），才能留下客戶，進而帶動客戶合約價值增長。

以 PressPlay 而言，自 2015 年轉型為內容訂閱平台起，已成為台灣最大的內容訂閱平台（2019 年 8 月出版時數據），提供用戶每月付費訂閱服務（仍保有單次購方案），服務層面涵蓋財經、商業、語言、自我提升、藝文、兩性、娛樂、生活品味等八大類，教學則有圖文、音檔或影片等多種形式。對創作者（內容提供者）而言，每月付費訂閱的方式使營收（現金流）穩定，更專注投入創作，使知識內容產出更趨於穩定；對訂戶（用戶、會員）而言，可持續訂閱有興趣的課程及專案，也能透過平台上獨家的問答、投票、回饋分享等機制直接與創作者互動，達到持續學習的效果，也能產生深厚的情感連結。

在茫茫人海中抓緊「對的人」，為「對的人」量身訂作「對的課程」

PressPlay 四年來的實踐經驗，有許多可以與本書呼應之處：書中 10 大客戶成功法則 1：「賣給對的客戶」，提到企業要分析各種市場範圍、校準

理想客戶，以決定哪些是不合適而須放棄的客戶（以免徒增獲客成本而無效益）、哪些是能製造出更高 LTV 的客戶，帶動成功的客戶參與循環。

在創作者端，PressPlay 協助創作者精準找出願意實際訂閱的訂戶，以其意見及消費傾向做為未來創作方向的參考。實際上來說，PressPlay 提供了創作者一個工具平台，在平台上運用數據分析的技術，協助定位出最廣大的市場。舉例而言，創作者在 PressPlay 可以開設不同價格的訂閱方案（通常稱為 A、B、C、D 等方案），各方案有各自的 LTV，工具平台可以協助創作者測試市場，得出 LTV 最大的方案組合。

在用戶端，我們觀察到「學習」這件事最困難的不見得是「學習本身」，常常是「不知道自己要學什麼」、「要學這一門課或是那一門課」；PressPlay 可以幫助訂戶找到屬於自己的一套有系統的學習模式，方法則是藉由機器學習與數據分析技術的導入，追蹤用戶的學習軌跡，為用戶匹配興趣、量身訂作個人化首頁以推薦適合的課程，另外也設計「成就系統」來增加學習的參與度，鼓勵用戶更完整體驗學習歷程環節，加深學習興趣。

平台越懂訂戶，訂戶越會留下

訂閱模式要成功運作，需要維持並增進與訂戶的合作關係。本書不斷提及要達成向上銷售（即客戶願意買更多產品、提高合約價值）、提高客戶「留存率」（即舊訂戶於合約到期後續約的比率）。我也分享 PressPlay 特別專注的兩個數據：一是「複訂率」，亦即一個訂戶訂閱某一專案、也訂了另一專案（即每個月在平台上同時扣款一個以上的專案），這個數據代表用戶喜歡原本服務，甚至願意花更多錢購買其他服務，表示我們能積極預測、成功媒合訂戶的學習專案；第二個就是「月留存率」，PressPlay 藉數據掌握用戶行為，針對即將離開平台的高危險群，透過 App 推播、email 或簡訊提醒用戶回來看內容，目前 PressPlay 的「月留存率」數字也是逐步提升，表示客

戶滿意度提高。

　　這呼應了法則 4 的「不斷監控並管理客戶健康」，書中提到的作法包括追蹤客戶是否有使用產品、是否開啟 email、是否在社群分享使用產品的好處……客戶投入越多就「越健康」、忠誠度越高，這些都是留住老訂戶的重點。

科技是好工具、數據是大寶藏，讓平台進步飛速

　　在知識訂閱越來越風行的現在，也必然會面臨競爭者眾的問題。在法則 6 提到「你只能靠產品擴大與其他人的差別」，亦即藉由不停優化功能、改善客戶體驗、提供與同業相比更高的價值來保持優勢。對此，PressPlay 則回歸「科技」及「數據」這兩項基礎。以用戶體量看來，我們已有三十六萬的註冊用戶，由於訂閱制所累積的數據比起單次購買而言要豐富得多，PressPlay 的會員體量與數據隨著時間堆疊，數據的優勢會越來越強；搭配前文提及，創作者擁有便於管理訂戶的工具平台，以及訂戶擁有便於管理學習成效的個人化首頁，將使創作者、訂戶、訂閱平台一起獲益、飛速進步，這對於後進者而言，要趕上恐怕得花加倍的工夫。再者，在資本上，訂閱制度的穩定現金流也是一大好處，PressPlay 也會考慮增資再擴大規模。總的來說，用戶體量、數據、資本三者並進是 PressPlay 努力保持領先的方法。

　　《絕對續訂！訂閱經濟最關鍵的獲客、養客、留客術》一書深入訂閱服務的營運模式、提供豐富的實務經驗，因此我推薦訂閱服務業者、對訂閱經濟有興趣的讀者一讀。

（本文作者為 PressPlay 創辦人，商業周刊出版部採訪撰稿）

訂閱經濟的關鍵就是「客戶成功」

在訂閱經濟潮流下，現在最熱門的名詞就是「客戶成功」（Customer Success，或稱「客戶成功學」），客戶都期望能得到，賣家的目標也都是要達到，但是誰來決定究竟成功了沒有？如果你確實是以客戶為核心的公司，這個答案以及其他所有問題的答案應該很容易：最終都是由客戶決定。

就像這本書所說的，雲端世代讓我們必須轉移到真正以客戶為優先的模型，同時也證明了客戶滿意度和客戶成功學並不一定相同。在訂閱經濟模型中，你會不斷努力爭取客戶，絕不停歇，如果做得好，每一天你都會不斷專注於**客戶**的成功，而非你自己的，每一位顧客都值得擁有美妙的體驗，以及賣家對他們毫不動搖的成功承諾。但是成功無法標準化，而理解這點的公司就能準備好收穫最大的獎賞。

採納客戶優先的哲學就意味著要傾聽客戶並相應運作，才能夠幫助他們更接近**他們**的客戶，尤其是透過納入雲端、行動、社群及分析等各種科技。而當然，真正以客戶為核心就代表了要深入理解客戶未受滿足的需求，只要你知道這點就有了相當穩固的基礎，能藉此發展策略、團隊和機制，在你的組織中運用客戶成功學。

我在訂閱經濟先驅 Salesforce 的角色是行銷暨客戶成功部門經理，站在一個獨特的制高點來觀察客戶成功運動的進展。十六年前，Salesforce 首創了客戶成功的概念，這就是創辦人馬爾克・貝尼奧夫（Marc Benioff）遠見的最核心，這麼多年來我們接觸了多少客戶，始終專心實踐這項概念，正如我們一開始只有幾名客戶時一樣，這樣的承諾正是因為客戶成功就是我們賣命

的動力來源。這不只是一個概念或一個部門，而是核心價值，是每個人該做的事。

我在 Salesforce 這六年來，我們為客戶成功學注入了更多活力，將組織轉變為一個以資料驅動的積極團體，帶動了客戶運用、採納及成功。我的團隊有將近四千名專家，他們的任務就是一心一意幫助我們的客戶得到我們產品的完整價值，最終則能轉變他們的商業模型為訂閱模式。我在這家公司期間，親自見證了以客戶為核心的文化具有何等轉變現況的力量，我見證客戶運用我們的平台與他們的客戶建立創新的連結，因而成長攀升至驚人的高度，也見證到我們自己跟著成功。

以我三十年來在科技界的經驗，從來沒見過像 Salesforce 這樣，在賣家與客戶之間存在著對彼此的忠誠，我真的相信這是因為我們願意投資在客戶成功，而客戶也願意投資我們的決定，借用這本書裡的說法就是「態度性忠誠」。

客戶成功學並不是一體適用的提案，還會隨著支援科技越來越快的進展步調而演進。要達到成功就必須經常確認客戶的狀態，並根據他們的需求來調整產品及服務，在 Salesforce，我們會一再重新想像自己能提供什麼樣的成功，增加專業、創新和智慧，讓客戶的獨特遠見能夠成真。事實上，我們如今就使用包括了大數據分析及複雜的商業智慧等數據科學科技，來加速創造價值的進程，以及最終能夠成功。

客戶成功學團隊就和其他組織一樣也要適應不停變換的商業景況，以我們的狀況來說，客戶關係管理（Customer Relationship Management，縮寫 CRM）多年來不斷演進，從簡單的銷售能力自動化進步到比較接近客戶平台的形式，涵蓋了銷售、服務、行銷、分析、應用程式和物聯網。隨著 CRM 的定義和範圍不斷擴展，Salesforce 也進化了，從為了單一專案而雇用演變成管理客戶的整個企業。這讓我們的客戶成功學團隊也必須改變策略，

這群人原本主要是專注於單一次雇用的成功，後來成長為在董事會會議上占有一席的組織，協助企業轉型。

　　經常有人問我，必須要投資多少金錢在客戶成功學才算合理？我相信只要做法正確，客戶成功學幾乎不需要什麼合理性，這套法則能夠維護公司的營運手冊、打開更多機會的大門，還能在我們的客戶中找到終身的支持者。從樂觀角度看來，客戶成功學可能是目前最佳的銷售與行銷引擎，而在這本書接下來的內容中，客戶成功學不只是應該要做的事，更是每家公司必須要做的事。因此我的團隊要為客戶使用頻率、採用程度以及最終的收益負責，我們的成功和客戶的成功有直接關聯。

　　我非常開心看到我們在 Gainsight 的夥伴在這本書中記錄下客戶成功學的發展歷史，並且分享他們對這套不斷進展的法則有何見解。這本書是很棒的指南，能夠幫助公司開始著手將客戶成功學應用在日常營運中，並藉此蓬勃發展。在此時此刻，成為以客戶為核心的公司是最佳時機，而能夠從客戶眼中看到未來展望的公司更能握有無窮無盡的機會，而事實上，未來已經到來。

成功中

瑪麗亞・馬丁涅茲（Maria Martinez）

Salesforce 銷售暨客戶成功部門經理

第 1 部

訂閱經濟關鍵課題──
「客戶成功學」的
歷史、組織、準則

第 1 章

訂閱經濟引發的經常性收入海嘯：客戶成功學為什麼突然成為關鍵？

訂閱經濟模式的開端

2005 年春天，馬爾克・貝尼奧夫（Marc Benioff）將他手下的人集結起來，到加州半月灣（Half Moon Bay）一處寧靜的海邊小鎮開會，總部設在舊金山的 Salesforce 網站業績蒸蒸日上，即使是在科技界也很少看到像這樣的公司。在短短五年間便於 2004 年 6 月成功進行首次公開募股（IPO），接著又有更多好消息，也就是其訂購成長了 88%，有近兩萬名客戶購買了該公司的客戶關係管理（customer relationship management，縮寫 CRM）方案，而在兩年前他們的客戶還不到六千人。在 2004 年底，Salesforce 市值五億美元，而在 2005 年底這個數字還會成長四倍，所有圖表都往上、往右發展，如果你是這家公司的員工或投資人，就會希望這些圖表像這個樣子。

這次聚會相當普通，就是慶祝公司的成功、計畫接下來隨著市場持續拓展要如何維持高成長，然後大概描繪出燦爛的未來。然後大衛・丹普希（David Dempsey）走上講台發表了一段演講，讓他贏得了「末日博士」（Dr. Doom）的稱號。

　　2005 年，愛爾蘭出身的丹普希在 Salesforce 工作也邁入第五年，在這之前，他在甲骨文軟體公司（Oracle）待了十一年，然後在網路泡沫化之後才另尋出路，不過他並未受到影響，而是與另外兩名前甲骨文主管在 2000 年代初找到了貝尼奧夫，他們拿出提案要讓 Salesforce 網站進軍歐洲市場，經過幾個月協商後終於達成共識。如今，丹普希是資深副總裁以及全球續約事務主任，就和所有倚賴經常性收入的企業目標一樣，他的部門要承擔 Salesforce 每年訂購業績的 70% 至 80%，在 2015 年續約總金額逼近 50 億美元。

　　如果你肩負著那樣的責任，很快就會理解公司的營運優勢以及成功的條件。優秀的行銷主管和執行長要把自己的工作做好，就要理解市場上以及公司內正在發生什麼，並在自己能力可及之處採取必要的措施讓自家企業持續成長，那或許需要做出產品的大改造、進軍新市場或者其他數種策略，同樣的大略藍圖已經行之有年。但是對丹普希來說，這項挑戰有著完全不同的特質，過去從來沒有人做過他想要做的事情，從來沒有其他以訂閱模式為基礎的企業對企業（business-to-business，縮寫 B2B）公司能做到 Salesforce 如此的規模及成長率，也就是說，在丹普希之前沒有人真正需要去理解訂閱軟體續約的事實及細節，而他卻必須要知道。

　　續訂軟體服務並不像是延展維護合約，後者的費用是已經包含在硬體或軟體當中，安裝在資料中心並負責執行企業的重要功能，而且順便告訴你，這讓客戶在許多方面都會困在賣家的天羅地網中。其中一項鎖牢客戶的因素就是硬體維護的成本，如果該硬體是公司基礎建設的關鍵部件，那麼基本上你就必須買個保險以防萬一，而購買維護就是那份保險。更糟的是，硬體賣家通常也緊緊抓著維護市場，因為他們經常升級、更新自己專賣的硬體零件。確實，過段時間就會跳出幾種第三方的選項，但是賣家總是能夠抓住至少 90% 的交易，因此所謂競爭不過也就是說說而已。軟體維護這門生意對賣家來說更是好賺，因為沒有其他人能夠為他們專賣的軟體提供升級與除蟲

服務。所以說，不論是硬體或軟體，續訂維護合約大都是例行公事，其他則牽涉到一點點討價還價。不幸的是，這種對續訂維護的態度也帶進了軟體即維護（Software as a Service，縮寫 SaaS）當中，也正是丹普希和 Salesforce 生存的世界，這些想法實在是大錯特錯。

丹普希必須負責的續訂服務通常是征戰來的，不是別人平白給的。對於大多數 SaaS 產品，客戶都有得選擇，即使 Salesforce 擁有兩萬名客戶，經常也只能說是「有的話很好」，而非「必須要有」，在新市場中都是這個樣子，就像當時的 CRM 一樣。SaaS 續約的底線是客戶可以、他們也會選擇不用比維護產品更高的費率來延展合約，因為他們通常都有選擇，同一塊市場上有其他賣家能讓你輕鬆轉換成其他家產品，而且價格更低，客戶並不像在維護合約的狀況中那樣受到束縛。而除此之外，經常性收入企業模式還有許多方式能夠將權力從賣家轉移到客戶手中，而 2005 年的 Salesforce 也不例外。客戶有許多選擇，例如其他競爭者、選擇打造自己的解決方案，或者乾脆就不用 CRM 了，而他們會權衡運用這個決定。唉唷，他們考慮得可仔細了。

丹普希就這樣單槍匹馬闖入這片現實，沒有人像他這樣理解事實情況為何，因為他要負責延展 Salesforce 的客戶合約，而他和 Salesforce 管理團隊其他人所分享的並不是好消息。底線相當簡單明瞭：不管外人看來如何，Salesforce 這家公司正陷入死亡漩渦，在光彩奪目的成果與驚人的成長率背後，這家公司有著基礎上的缺陷，而若繼續朝著目前的方向邁進只會帶來災難。所有的罪責可以總結成一個簡單的行動：換別家（churn），也可說是流失。客戶決定不想再當客戶了，換別家；在經常性收入企業模式中客戶能擁有的奢侈行為，換別家；這個簡單的概念如今完全在我們的考量範圍中，不過，在 2005 年卻還沒有其他以訂閱為基礎的 B2B 公司這樣全面性處理這件事，也就是客戶流失。

Salesforce 客戶流失率是 8%，聽起來好像不是很糟，但如果你知道這是

每個月的數字，那可不妙！如果你想要可以計算看看，不過結果會像這樣：每一年幾乎所有客戶都在退訂服務。Salesforce 開始學到了教訓，而從此之後其他所有訂閱服務公司也開始學到了（謝謝你，Salesforce）。如果把公司比喻成一個漏斗，要是客戶一直快速從漏斗底下流失，就算你從上面倒入再多新業績，也不足以維持真正的成長。沒錯，你能展現出新客戶訂購的漂亮成長率，這樣很棒，但是像 Salesforce 這類經常性收入企業模式的吸引力及價值所在，在於**不斷成長的現有客戶數量整體價值**，將新客戶的獲取加上高保持率再加上正面的向上銷售成績（也就是賣更多產品給現有客戶），只有這三個齒輪都順利轉動的情況下，企業營運才算健康，也才能吸引投資人給予獎賞。

丹普希的演講敲醒了貝尼奧夫，而這項倡議讓全公司都動員了起來，要關注、衡量並減少客戶流失。這麼一次簡單而基於事實的演講，因為觀眾對了、時間對了，結果促成的行動一直到了十年後的今天，才吸引了所有人的注意力而成為一套法則，成為所有經常性收入企業的經營鐵則。末日博士成功催生了客戶成功學運動。

態度忠誠度 vs. 行為忠誠度

說到底，客戶成功學就是關於忠誠度，每家公司都想要忠實的客戶，而像 Salesforce 這樣的訂閱經濟模式的經常性收入企業則是**需要**忠實客戶。獲得新客戶的成本高昂，真的很高，所以留住客戶就成了必需，不管你的市場可能有多大都一樣。試圖要用獲得的新客戶來打敗高流失率，這場仗必輸無疑，因此如果一家公司倚賴忠誠度，就一定要理解這個詞是什麼意思。

已經有很多人都寫過關於不同種類的忠誠度，而大眾普遍認同的忠誠度可以分成兩種：態度忠誠度（attitudinal loyalty）與行為忠誠度（behavioral loyalty），有時也稱為情緒忠誠度（emotional loyalty）與智能忠誠度

（intellectual loyalty）。這個前提很簡單，不過其中的社會科學可能相當複雜，前提是有些客戶之所以忠誠是因為他們必須如此（行為／智能），而也有些客戶之所以忠誠是因為他們喜愛某一品牌或產品（態度／情緒）。做為賣家或者品牌會更喜歡後者，原因有很多：願意付更高的價格、更不容易受競爭對手影響、更有可能為「他們的」品牌招攬客人等等。一位家庭主婦會到漢克雜貨店買東西，因為這是方圓五十公里內唯一有賣麵包和牛奶的地方，這是行為忠誠，有可能她也是態度忠誠（漢克可能是她丈夫），但是她的忠誠度基本上是因為沒有得選。這個例子很極端，不過我們對很多產品可能都是行為忠誠。我十次裡有九次都是在同一個加油站加油，因為很方便，而且根據樣本數相當少的研究，價格也很不錯，不過他們每天早上七點會關閉信用卡刷卡機十分鐘，這很惱人，因為那正是我開車去上班的時間，而他們並不知道，除了某天我跟某位工作人員抱怨過這件事，但是這讓我產生了與態度忠誠度相反的心態。幸好，目前方便性還是勝過一切。可是如果附近出現了另一家加油站，價格接近，而且選擇在凌晨三點而不是早上七點關閉刷卡機，或者更棒的是，某個人會想通了這點重要性而選擇完全不關閉刷卡機，原本那家加油站就慘了。

　　要創造並維持態度忠誠度要困難多了，因為成本昂貴，要製造出客戶喜愛而不僅僅是擁有的產品得花很多錢，要創造出能取悅客戶而不只是努力不惹惱他們的經驗也得花很多錢。我女兒高中畢業時想要買一台筆記型電腦，為什麼她會跺著腳堅持要買蘋果的 Mac，而不顧戴爾（Dell）所提供的選擇功能差不多又比較便宜？我試過跟她講道理，但是她絲毫不為所動，而雖然她說不出到底 Mac 在速度、功能或品質上有哪一點更強，但她已經心有所屬且意志堅決。我還是不知道為什麼（不過她得到了想要的 Mac）。或許是因為作風酷帥的孩子都有一台，或許是因為她很喜歡自己的 iPod，或許是因為她就是喜歡牛仔褲配黑色套頭毛衣，我真的不知道，但是現在我知道該怎

麼形容：這就是態度忠誠度，或者以她的案例來說，更合適的詞彙是情緒忠誠度（因為討論過程中確實有眼淚攻勢），而那種忠誠度是我們都渴望在客戶身上看到的。

蘋果電腦的歷史已經有許多人用各種方式述說過了，包括報紙、書籍和電影，而我在這裡也沒辦法說得更好。蘋果對於建立客戶忠誠度的作為看起來、感覺起來就像魔法，但顯然並非如此，蘋果的產品就是具備一種特質，從包裝、廣告、呈現都是，如此創造的不只是一次購買，而是一種不知怎地撥動客戶心弦的經驗。史蒂夫・賈伯斯（Steve Jobs）想通了該如何創造態度忠誠度，或許沒有人比他更清楚，前無古人後無來者，而這可以說是無價之寶。蘋果忠實客戶的狂熱幫助這家公司度過了一段非常黑暗的時期，那時的產品不是太好而業績也搖搖欲墜，最終蘋果脫胎換骨，而幾乎所有忠實粉絲（有些甚至不是客戶）都不離不棄，等到他們開始製造出算是對得起這股狂熱的產品時，便全速前進攀上巔峰（成為史上最有價值的公司）。

那重點是什麼，這跟訂閱經濟與客戶成功學又有什麼關係？客戶成功學的用意在於創造態度忠誠度，貝尼奧夫和 Salesforce 已經理解到這點，而在過去十年來投入了大量時間與金錢在客戶成功學上。早些年，行為忠誠度實在不是個選項，因為 Salesforce 絕對不會是地方上唯一的店家，客戶也不會緊跟著他們，因為他們在產品整合及其過程中尚未投入太多情感或金錢，而這會讓轉換供應商變得非常昂貴。你可以說 Salesforce 如今有許多客戶都是行為忠誠，因為產品已經變成他們營運手段的核心，要換家公司太難了，但是這些客戶中有許多也是態度忠誠，如果你不相信的話，找時間看看夢想動力大會（Dreamforce，這是他們的年度會議），他們成功兼得了魚與熊掌。

賈伯斯也知道態度忠誠度的重要性，而且除了運用設計優雅而美麗的產品來創造態度忠誠度，他也投資在客戶成功學中，不過他作為一名行銷大師，為之取了個不同的名字：天才吧（Genius Bar）。蘋果電腦決定要開零

售店時，招來了相當大的反彈聲浪，難道歷史不是已經證實了電腦零售店沒有用嗎（安息吧，Gateway）？而賈伯斯的期望並未看錯，他認為消費性科技品牌零售店是可行的，至少這是一個擁有核心狂熱追隨者的品牌，而當然確實如此。在新 iPhone 上市前三天就等在蘋果商店外的人大排長龍，你可以說這樣的公關效應就值得了在所有商店上的投資，但賈伯斯又更進一步，他並不滿足於在實體店面展示並銷售產品，不管在每一家店裡有多少可提供幫助的銷售人員都還不夠，他在每家店裡面開創空間並派駐客戶成功經理，我們在後面章節中還會詳細解釋何謂**客戶成功經理**，不過簡單的角色定義是這樣：幫助客戶從你的產品中獲得最高價值的人。顯然這就是蘋果商店中的天才想要做到的，蘋果決定要在每一家店都聘雇十幾、二十個天才，這費用並不便宜，就像我們說的，態度忠誠度不便宜，但是卻改變了賣家與客戶關係的本質，讓這段關係更為親密而且不只是購買。很少有企業對客戶（business-to-consumer，縮寫 B2C）或零售公司知道該如何做到這點，捷步（Zappos）購鞋網站和諾德斯特龍（Nordstrom）高檔時裝零售網站可能是把焦點放在顧客服務，亞馬遜（Amazon）購物網站則採取不同的方式，提供高級會員（Prime）的付費服務，但是我敢說你想不到太多其他例子。有趣的是，我們都知道蘋果商店裡有些天才並不是真的天才，許多人甚至跟這些人有過惱人的交手經驗，不過就因為有他們的存在，藉此觸動並幫助真正的客戶建立關係，就算只有一點點也好，所以提升了態度忠誠度。這就是客戶成功學的藝術。大部分賣家在一開始並沒有蘋果所擁有的狂熱與忠誠（這也是把兩面刃），但是我們都迫切想要客戶成為我們的支持者，而不只是客戶，我們需要態度忠誠度，不只是行為忠誠度，而客戶成功學就是達到這個目的的手段。

訂閱模式下，貝尼奧夫需要降低客戶流失，因此創造出客戶成功學；賈伯斯直覺認為這麼做能夠為蘋果產品提升態度忠誠度，因此創造出客戶成功

學，今日的我們很幸運能夠追隨這兩位代表人物的腳步，他們已經證明了無論你的企業模式為何，客戶成功學都有用。在經常性收入企業中似乎更為明顯，也更有必要，不過在傳統的消費性企業中也同樣有用。

左軒霆（Tien Tzuo）是 Salesforce 的第十一位員工，而不意外的是末日博士在半月灣發表那段演說時他也在場。他如今是祖睿（Zuora）軟體的執行長，而他創造了**訂閱經濟**（subscription economy）一詞來形容局勢改變，傳統企業都受到轉型為經常性收入模式的影響。他也說過，只是他或許不是第一個這麼說的人，「在傳統企業中，客戶關係在購買後就結束了。」這點差別相當強大，貝尼奧夫和賈伯斯都明白也大力投資於此，貝尼奧夫創造了史上最為成功的訂閱模式軟體公司，而賈伯斯將訂閱模式的思考及態度帶進了非訂閱模式的企業，這是過去從未有人嘗試過的。接下來有許多其他傳統公司都會選擇相同的道路，而經常性收入企業卻不會有太多選擇。

訂閱模式海嘯

客戶成功學聽起來很像你的行銷團隊可能會想出來的響亮口號，對吧？又或者是某家公關公司為他們的執行長所編寫的口號，這樣聽起來好像他真的很關心客戶一樣。不過對現今的經常性收入企業來說，客戶成功遠不只是一句響亮的口號或者浮誇的行銷宣傳，而是訂閱模式企業的必要組成，就像貝尼奧夫和 Salesforce 已經證明的，需要公司的投資、注意與領導。這不只是嘴上說說什麼「客戶優先」或「客戶為王」的，這些口號雖然好聽，但這樣的宣傳通常雷聲大雨點小，除非有充滿熱忱及魅力的領導者（例如捷步的謝家華〔Tony Hsieh〕）或者奉之為企業圭臬，否則很快就會退燒。我們在這本書中要探討的客戶成功學正好就屬於後者，不需要有充滿熱忱或有魅力的領導者，雖然有的話也有幫助，因為客戶成功學在訂閱經濟中可以說是掌握了生殺大權。

　　企業中很少見到有真正的組織變更，想想我們現今的組織，包括業務、行銷、產品研發、財務和服務，然而在過去幾百年來的商業世界出現多麼驚天動地的變化，這些部門一直都是企業的基本組成，你可以說人力資源是新部門，但事實是這類工作一直都有人在做，只是不會交給獨立部門來執行。就基本組織的發展來說，資訊科技（information technology，縮寫IT）或許是過去七十年來唯一真正的新發明，顯然是因為我們工作的各個面向中無所不在的科技。客戶成功學就是下一波的重大組織變更，而就和IT一樣，客戶成功學變得重要是因為其他事情也在改變，在這裡指的是商業模式，訂閱是最流行的模式，從軟體、音樂、電影到飲食計畫，要打入投資者以及大眾市場核心的方法，就是建立起能夠從許多、許多客戶身上創造每個月的經常性付費。如果是華爾街和投資社群喜歡的東西，執行長們也會喜歡。如果一門生意不是訂閱模式，或許就會變成按次付費的模式，其性質和法則是完全一樣的。訂閱當然不是新東西，但是現有的企業從非訂閱走向訂閱模式，這股浪潮則絕對是新的。人人都在為自己的商業模式尋找能夠創造經常性收入的組成，而理想上來說是整個企業都能如此，而不只是其中一部分。這波十五年的運動從軟體界開始，不過自從投入那塊石頭激起了水花，漣漪基本上也擴散到了其他業界。

　　因此才需要這本書。訂閱模式海嘯已經襲來，對軟體界造成巨大影響，而跟在這波海嘯之後而來的第二波大浪就是客戶成功學，但客戶成功學不只是新的組織，更是一套哲學，其影響力能夠深入非軟體、非科技以及非B2B公司當中，或許是直到最近才有人稱之為**客戶成功學**，不過早已遍地開花，就像我們所見證到的蘋果故事那樣，藉由科技以及資訊可用性（例如網路）而推動。無論你身處在哪種業界，現在正是時候去了解該如何面對這波浪潮，首先就從客戶成功學在B2B軟體的起源開始探索，因為這是一切的開端。

　　軟體正在蠶食這個世界，這句話最早是美國企業家兼軟體工程師馬克・安德森（Marc Andreesen）在 2011 年發表的知名文章中所寫的，在那時聽來還只是有點具爭議性。

　　這篇文章是〈為何軟體正在蠶食這個世界〉（Why Software Is Eating The World）❶。

　　今日，他的論點已經從大膽而具前瞻性變成了無可異議的事實，如果真是如此，那麼每位企業領袖都必須要理解在矽谷發生了什麼事，軟體產業在過去十五年來經歷了相當劇烈的轉變，而客戶就在這波轉變的核心。這股變動的驅動力來自網路普及以及**雲端**這東西的出現，事實上，自從出現了這樣的轉變，時間越久，雲端前（before cloud，縮寫 BC）和雲端後（after cloud，縮寫 AC）的行事方式差別就越明顯，這股變動幾乎改變了軟體公司運作的每個面向，但是透過客戶的眼睛才能徹底了解，特別是 AC 的 B2B 軟體客戶和 BC 客戶之間有兩個非常重要的差異：

　　1. 購買軟體的方式不同
　　2. 他們如何實現自己的終身價值（lifetime value，縮寫 LTV）

　　這兩個主題密切相關，事實上第一點正是第二點的原因，而真正精確說來，購買過程的主要差別其實並不在於客戶**如何**購買軟體產品，而是他們購買了軟體產品**這件事**。在 BC 的日子裡，和今日不同，購買交易確實能夠換來擁有權，而這個模式通常稱為**永久性授權**（perpetual license），在交易時，使用軟體的擁有權就從賣家交到客戶手上。因為這種交易的單一次性質，賣家必須將貨幣價值放到最大，這樣的生意模式才能運作，結果是讓初

---

❶　見 https://www.wsj.com/articles/SB10001424053111903480904576512250915629460。

次購買軟體的成本相對較高，更不用提附帶的硬體成本。對軟體公司來說，尤其是 B2B 企業，這是獲利能力的唯一道路（沒錯，這曾經很重要）。

音樂

我們來想像一次購買情境，可能會激起部分讀者的回憶，這樣有助於解釋這股變化有多麼劇烈。我十六歲的時候愛上了一首在廣播上聽到的歌曲，那是皇后合唱團的〈波希米亞狂想曲〉（Bohemian Rhapsody），這首歌太棒了，內涵豐富，讓人必須一聽再聽（只是我媽可能不同意最後這點），而在那個時候能夠做到這點的唯一方法就是購買專輯（如果你想知道的話，名稱是《歌劇之夜》〔A Night at the Opera〕），所以我就是這麼做了，我跑到最近一家唱片行砸了 16.99 美元買了八軌道錄音帶（如果你不知道那是什麼，去查一下），這在當時對一個十六歲小孩來說是很大一筆錢，基本上我花了 17 美元就為了一首歌。為了要播放聆聽這首歌，我也得擁有一套相當昂貴的立體音響，你知道的，那種有將近一公尺高的喇叭，要拿來當高腳椅都可以了。而事情就是這個樣子，一套 1,000 美元的立體音響，再加上 17 美元的專輯，就為了聽一首歌。過去五十年間，大多數時候的購買音樂擁有體驗大概就是這樣，若先不論音檔格式以及 Napster 音樂共享服務的出現，我們購買音樂的第一波重大改變要歸功於蘋果，能夠在 iTunes 上以 99 美分只購買一首歌，這對音樂產業是革命性的改變（確實也引發一波革命），根本可以說完全改變了音樂產業，不過要出現像軟體界這樣的改變，則要一直等到像潘朵拉（Pandora）和 Spotify 串流音樂服務出現才算完成，我們甚至不再購買歌曲了，而是綁定租約，根據你所聆聽的音樂量多寡，每首歌曲的聆聽成本可能降到只有幾毛錢或甚至更少。我只要花一點小錢，就可以用我的電腦（更早之前為了其他原因而買）聽〈波希米亞狂想曲〉幾千次。幸好對我們所有當父母的人來說，伴隨這波變革而來的還有耳機的發明以及體積

小又不貴的個人音樂播放器（personal music player，縮寫 PMP）。這股改變我們購買（或租用）音樂的動力是什麼？科技和網路，也是這股動力改變了公司購買 CRM 系統的方式（參見表 1.1）。

表 1.1　雲端前及雲端後的音樂消費

	雲端前	雲端後
擁有權	專輯	無——租約／訂閱
價格	1 美元／歌曲	0.01 美元／歌曲
數量	15 首歌	幾百萬首歌
硬體	立體音響 大型喇叭	PMP／手機／電腦 耳機
硬體價格	1,000 美元以上	PMP 價格 50 美元，已有設備 0 元
可用性	家裡／車上	任何地方

軟體——Siebel 與 Salesforce

在雲端前（BC）那些年，一筆軟體交易高達幾百萬美元是很正常的，就像表 1.2 中希柏（Siebel）的估計那樣，而賣家從初次交易就能從客戶手中賺取整筆交易期超過 50% 的利潤，這也很正常。在早期還沒有出現軟體維護費用時，占比可能還會超過 80%、90%。拿來跟 Salesforce 的例子（雲端後〔AC〕）相比，你就能慢慢理解第二點：與每位客戶來往更長的時間以實現 LTV。

要理解發生了什麼事及其原因並不難。例如我是某家軟體公司的執行長，將我的解決方案以 300 萬美元賣給你，在當下我很清楚在你做為我的客戶這段期間，我或許還能從你身上賺取 50 萬美元，考慮到這點，在你的300 萬匯進我戶頭的那一刻起，你的價值對我而言就會疾速下滑。這並不是說我或者其他過去或現任的執行長不在乎客戶，我們當然在乎，我們都知道客戶還有除了付給我們的酬勞以外的價值，例如推薦、案例研究、口碑等

表 1.2　雲端前及雲端後的軟體消費

	雲端前	雲端後
擁有權	應用	無——租約／訂閱
價格	2 百萬美元	2,000 至 20,000 美元／月
硬體	伺服器 網路 儲存空間	包含在訂閱中 包含在訂閱中 包含在訂閱中
硬體價格	2 百萬美元	包含在訂閱中
安裝時間	9 至 24 個月	0 至 6 個月
人	很多	很少
可用性	辦公室	任何地方

等，但是就算將未來購買更多產品、授權和維護費用的貨幣價值都算進來，這些額外價值都不會改變我這家公司的基本生存能力，只要我還是能夠用同樣的價格把東西賣給新客戶，公司就能生存下去，甚至蓬勃發展。或許我真摯關心著客戶的成功，但是如果他們究竟能不能獲得價值或甚至是使用我的方案一點也不重要，那我不太可能會投入太多資源以確保他們的成功。正是這點事實催生了**冷板凳軟體**（shelfware）一詞，這個搞笑的說法是用來形容客戶不使用的軟體，對了，現在還有這種東西，SaaS 完全沒有解決這個套用的問題，只是現在比過去那個時候重要多了。

　　雖然有很多 B2B 軟體還是用老方法購買，潮流卻已經永遠轉向了，現在絕大部分軟體公司都使用這套新模式，你永遠不會真正購買軟體，而是租用。透過 SaaS 這套新模式，客戶不會擁有你的軟體，而是透過訂閱在有限時間的合約內付費使用。許多軟體公司出租軟體的方式是按月計費，也有其他公司需要簽訂整年或更長的合約，但是在所有情況中，訂閱都有截止期限而需要延展，因此便造就了訂閱經濟。不再需要一開始就付出龐大的一次性費用，而是透過短期合約租用軟體。另一波與訂閱概念相關的浪潮則

更進一步探討按次計費（pay-as-you-go）的模式，谷歌廣告關鍵字（Google AdWords）和亞馬遜網路服務就是按次計費的例子。在兩種模式中，客戶的重要性有顯著提升，因為他們的 LTV 確實很重要，而不只是看他們在最初的交易中付了多少錢，因此也就需要一套哲學和組織：客戶成功學。

簡單來說，客戶成功學就是一個組織或哲學，其設計目的就是要為客戶帶來成功。這聽起來實在明顯得不得了，但是就像我們先前所說的，過去曾有一段時間，我們的客戶是否成功並不真的是企業守則的一環。現在已經不是這樣了，要知道，如今成功的經常性收入客戶會做兩件非常重要的事：

1. 他們會一直當你的客戶
2. 他們會跟你買更多東西

對今日的執行長而言這已經是基本事實了，如果他們的客戶沒有做這兩件事，他們的企業就不可能成功，這樣的經濟運作就是行不通，因此客戶成功學才會勢在必行。我們之後會再回來談這點，不過接下來要先簡短介紹訂閱經濟的起源，其實就是跟著 SaaS 的發展而開始。了解這段歷史很重要，因為所有經常性收入企業都是追隨著最早開始實行 SaaS 公司的腳步。

軟體即服務的誕生

1995 年秋天，約翰‧麥卡斯基（John McCaskey）走進了加州帕羅奧圖的史丹佛書店裡買了幾本書，包括《運用 HTML 及 CGI 設計網際網路的基礎》（*Foundations of World Wide Web Programming with HTML & CGI*）、《解密 HTML & CGI》（*HTML & CGI Unleashed*），其中還有歐萊禮出版的《駱駝書》（*Programming Perl*）。當時，麥卡斯基是一家叫作矽谷圖形科技公司（Silicon Graphics，縮寫 SGI）的行銷總監，雖然他的職銜是行銷，骨

子裡卻是個工程師，而他新蒐集來的這些書除了是興趣以外，還有更偉大的目的，他意圖重新設計一套內部應用工具，這是 SGI 的行銷社群不常運用到的一塊，稱為 MYOB（管好你自己，mind your own business）。MYOB 是一套商業智慧（business intelligence，縮寫 BI）工具，以 Business Objects 軟體為基礎而開發，其目的是幫助行銷人能夠深入檢視他們產品的銷售。麥卡斯基的版本逐漸成形後，便開始有人稱之為 MYOB 簡易版。

同一年在城市的另一頭，自稱駭客而在未來的矽谷大放異彩的保羅·格雷姆（Paul Graham）和他的朋友羅伯·莫里斯（Robert Morris）及崔佛·布萊克威（Trevor Blackwell）創立了一間公司叫作 Viaweb，Viaweb 也是他們應用程式的名稱，原本叫作 Webgen，讓沒什麼專業技術的使用者也能建立並營運自己的線上商店。

MYOB 簡易版和 Viaweb 都造成空前的成功，MYOB 簡易版在 SGI 簡直火紅，不僅取得容易而且使用簡單，因此很快就有超過五百位行銷人和主管採用；而 Viaweb 則是銷售亮眼，在 1996 年底有七十幾家商店是線上營運，而到了 1997 年底，這個數字便成長到超過五百家。在 1998 年 7 月，格雷姆和夥伴以價值 5,000 萬美元的雅虎股票賣出 Viaweb，從此變成了雅虎商店（Yahoo Store）。格雷姆接下來又組建了 Y Combinator 這家大為成功的科技孵化器，從中培養出許多很棒的公司，包括 Dropbox 和 Airbnb。

Viaweb 和 MYOB 簡易版除了在現實世界的成功以及幫助發明者更上一層樓，兩者還有一項非常重要的共通點，其使用者介面（user interface，縮寫 UI）只以現成的網頁瀏覽器組成。格雷姆稱 Viaweb 是**應用服務提供者**，而麥卡斯基的應用程式就是將 Business Objects 工具製作成簡易版本，而不必使用 Business Objects。換句話說，Viaweb 和 MYOB 簡易版是兩個史上最早出現的 SaaS 應用工具，而 SaaS 就是現在用來描述不需要任何客戶端軟體的應用程式，在使用者一方運作唯一需要的產品就是網頁瀏覽器。如今我們有

幾千種每天都在使用的 SaaS 應用程式，包括臉書、Dropbox、亞馬遜網路商店、eBay、約會配對網站 Match.com、Salesforce.com，可以說過去五年來所發展出來的軟體應用程式都是，但是在 1995 年，這可是革命性的概念，並將軟體產業震得天翻地覆。

　　SaaS 確實改變了一切，購買軟體的人現在不僅能夠選擇租用而不是直接買斷，還可以用更少的費用就獲取服務（參見表 1.2），另外也不必再添購昂貴的硬體來運作軟體、不必花大錢建置資料中心來安放硬體。還記得我們稍早之前討論的昂貴立體音響嗎？這個音樂的比喻就相當於在 BC 時代軟體界的資料中心，而且，他們也不必花錢雇用高薪員工來管理那些資料中心及新軟體。應用程式一樣在伺服器上運作，不過現在擁有並維護伺服器的是賣家，而非客戶，透過網路瀏覽器和網址來連結並操作。現在大多數資料中心都是由幾家公司聯合建置，依據需求來提供主機、安全性並輕鬆延伸基礎設施，這樣一來，就連軟體商可能也不必做自家軟體的主機了，這項重要任務通常會外包給亞馬遜雲端運算服務（Amazon Web Service）及 Rackspace 這類公司。

SaaS → 訂閱 → 客戶成功學

　　透過 SaaS 來推出軟體，轉換成這種新方法後，便直接造成了最為重要的變革：以訂閱為基礎的授權，這麼做好像還滿合理的，既然客戶不再需要購買硬體才能使用應用程式，他們應該也不需要再購買軟體了。過去，硬體、資料中心、安全性，以及運作一切所需要的人力，這些成本都要由客戶吸收，但在今天，一套解決方案的一切元素都由賣家提供，隨著軟體附上，這就為訂閱模式鋪好了路，成為賣家的定價模型。在雲端出現之前，軟體一直都是由客戶購買並擁有，也就是我們先前提到的「永久授權」，但是網路和 SaaS 交貨模式的崛起創造出其他選擇，現在對許多人來說這是唯一的選

項，只要租用軟體即可，我們經常稱現在這些訂閱是「軟體訂閱」，但事實上客戶所租用的不只是軟體，還有一部分軟體運作需要的整個基礎建設，通常是簽訂包月或年度合約。

這兩項變革幾乎是同步發生，而且彼此有解不開的關聯，但是在這裡應該要好好區分清楚。SaaS 只是一種交付模式，讓應用程式能夠透過網路瀏覽器而運作，不必藉由光碟或數位檔案先送到客戶手上，爾後在客戶的電腦上運作；而訂閱只是付款模式。這兩種概念的關聯相當緊密，因此今日提到 SaaS 的時候，幾乎都是同時指稱交付及付款模式。

這場地震以及對軟體界所造成的影響，再加上擴散至軟體以外的產業效應，如此規模說得再誇張也不為過。SaaS（兩種要素皆是）改變了所有人對軟體的看法，從華爾街到一般街頭上的人們都是。例如在金融界，SaaS 讓人必須重新思考幾乎是一切公司財務管理和報告的方式，不再以收益為上，而是看重年度經常性收入（annual recurring revenue，縮寫 ARR）。在 SaaS 世界中，要期待公司營運的頭幾年就能有亮眼的盈利能力並不切實際，因為前期要獲取並經營新客戶所需要的成本相當大，而每個月收到的款項卻相對很少，不過華爾街已經認知到，只要現有客戶不斷成長，他們會持續月復一月、年復一年付費使用軟體，如此的長期利益相當有價值。看看公開上市的 SaaS 公司市值，例如 Salesforce、行銷管理平台 HubSpot 和雲端服務 Box，再用過去股票投資人評估公司價值的主要指標每股盈餘（earnings per share，縮寫 EPS）來衡量比較，上述提到的這幾家公司的 EPS 幾乎是不存在，因為根本沒有盈餘，但是這些公司的價值卻落在 20 億至 500 億美元之間。為什麼？這是因為他們都擁有不斷成長的現有客戶，他們會一直付費使用軟體，而只要他們一直是客戶，每年就能帶來更多盈利。等一等，還記得我們在這本書一開始說的 Salesforce 故事嗎？沒有人能夠保證不停止付費的客戶數量會一直成長，這就是客戶成功學上場的時候了。

　　SaaS 做為交付模式而訂閱做為付費模式，或許最重要的影響是這點：在 B2B 交易中的權力大部分都從賣家轉移到客戶手中。想想看，客戶不再需要購買硬體或軟體、不用設立並管理資料中心，也不用雇用昂貴的人力來管理這一切，只要跟賣家租用一整套即可，這也表示他們可以停止使用，而想要的時候幾乎隨時都可以付費使用。對客戶來說，這大幅降低了前期成本以及採用新方案的風險，而這些成本和風險都轉嫁到賣家身上。確實，在轉換 SaaS 方案時免不了還是會有些轉移成本，但是比起過去永久授權軟體的費用還是划算多了。拿極端的例子來說，以 B2C 來類比，就像從亞馬遜網路書店轉移到邦諾網路書店（BarnesandNoble.com）（兩者皆為 SaaS 方案）買書，假設你是亞馬遜的客戶，大概已經給出你的信用卡資料、所有寄送書本的地址，而且也已經學會如何使用網站（產品），尋找並購買你想要的東西，甚至還升級到 Prime 會員，能夠一點即購並享有「免」運費。這就代表，如果你決定下一本書要改在邦諾網路書店購買，勢必會遇到一點麻煩，你得搞清楚如何找到你想要的書、放進購物車，然後進到結帳流程，提供信用卡資料和寄送地址。或許不會麻煩得要死，但是也不會太簡單，轉換 B2B 軟體方案的複雜程度和成本，比這個消費者案例還要高多了，但是就像我們已經說過的，跟過去傳統的企業型軟體世界比起來，在今日要更為可行（也更可能做到）。現在風險幾乎完全都由軟體商承擔。

　　網路的崛起讓人幾乎能夠輕鬆取得世界上所有資訊，這就是問題所在。我們再從消費界舉一個例子，來檢視買一輛新車的整個過程。在過去，買車的流程大部分都控制在汽車公司手裡，特別是業務員的影響力最大，我們對車子所知道的一切大都是從他嘴裡聽來的，我們跟他交談後，才知道車輛的特色與選項、哪個方案有什麼好處，而要協商出最後的價錢也**只能**跟他（還有他的老闆）談。簡單說來，整段流程的掌控權大概都在業務員手中。現在快轉到 2015 年，我們在網路上搜尋自己想要的車，如果想要的話，連車輛

的完整物料清單都能查到；我們可以知道幾家不同車商提供的價格、頭一兩年間車輛價值會貶低多少、車商從製造商那裡拿到多少報酬，還有一件事是你的業務員不可能知道的：我們臉書上的十個朋友有多喜歡這輛車。等到我們決定走進展示店試駕時，我們對這輛車所知的已經比業務員還多。網路將掌控權從經銷商和業務員手上轉移到我們手中，就像一場革命。

　　購買 B2B 軟體過程的變革也差不多是這麼回事，且無法再回頭。前期成本變低了、所需要的資源減少了、不再需要投入的門檻，而轉換成本比起過去更是少了許多，而且不乏管道能接觸到其他已經購買、使用過方案的人，其中有許多可能就是你親友。再說一次，權力已經戲劇性地從賣家轉移到買家手上。

　　這個世界不就應該是這樣運作的嗎？買家的掌控權不就應該要比賣家更大嗎？解決方案不就應該要能為客戶所用，這樣他們才會繼續付費嗎？如果你想要，不就應該相當容易就能改用你認為更好的方案嗎？賣家不就應該每一個月、每一年都想辦法做成你這筆生意嗎？當然，當然，當然應該。零售界一直都是這麼運作的，如果你不喜歡在梅西百貨（Macy's）的購物經驗，或者你覺得自己付出的錢沒有應得的價值，就不必再回去，並不會因為你三年前簽了一紙合約還付了 32,000 美元，就被迫只能在梅西買衣服，你大可以走到柯爾百貨（Kohl's）試試看，你的梅西百貨聯名信用卡在那裡沒什麼用處，但那只是一點小小不方便，換來的可是更好的解決方案或者更好的經驗。

　　我們先暫停一下，簡單介紹 SaaS 的金融概念，因為這和本書中其他部分都有關。我們先前提到 ARR 是用來衡量 SaaS 公司經營的主要指標，ARR 的意思就是年度經常性收入，通常也稱為 ACV，也就是年度合約價值（annual contract value），不管縮寫是什麼，指的就是每一年客戶經常性為軟體所付出的費用有多少。如果一家公司有二十名客戶，每個月都付 1,000 美元，公司的 ARR 就是 20 × $1,000 × 12，也就是 24 萬美元；如果公司有

六名客戶都各簽了兩年價值 200 萬美元的合約，那麼公司的 ARR 就是 6 × $ 2 百萬 / 2，也就是 600 萬美元。公司的總 ARR 或稱 ACV 能夠評估現有用戶的年度價值，許多公司會看這些數字每個月有多少，而不是從年度來計算，那就稱為 MRR。

我們不想用這本書詳述 SaaS 財務的 MBA 課程，這裡你只需要再多了解一件事，以解釋我們為什麼要寫這本書，也就是現有客戶群的變動價值。我們就用先前的例子放在一個完全可預測未來的世界裡，我們假設公司所有的那二十名或六名客戶仍然是客戶，每年付 12,000 美元或 100 萬美元，這很容易預測但絕對不算完美。在完美的世界裡，那些客戶每年應該會付給你更多錢，可能是因為漲價了、折扣降低、他們購買更多授權，或者是跟你買其他產品。這樣一來，一家擁有 600 萬美元 ARR 的公司就能成為擁有 800 萬 ARR 的公司，而**甚至不必將軟體賣給新客戶**，這是一家成功的訂閱基礎公司中相當重要而基本的要素：增長現有客戶的價值。

不幸的是，正如人生中大部分的事情一樣，這把劍還有另一面刃，你的現有客戶價值也可能萎縮，客戶決定他們不想再當客戶了（就像 Salesforce 的故事）、客戶在延展合約時要求更高的折扣，或者客戶可能仍然是你的客戶，但返還了某項產品或授權。這一切行動都會縮減你公司的 ARR，統稱起來叫作**流失**，流失就是去計算過去曾經屬於你的 ARR 如今有多少已經不是了，我們常常也用流失來指稱已經不再是客戶的客戶，那就會成為**流失的客戶**，用比較廣義的概念來理解 ARR 的減少，這些就稱為流失的金錢。

那麼我們終於要談到事情的核心了，就是管理你的現有客戶，能夠增長你的經常性收入並減少流失。你知道，要是沒有一點干預或至少是照顧，這些事情絕對不會發生。客戶和賣家兩邊如果都沒有人採取行動，就會漸行漸遠，他們就像在湖中央的兩條船並行而走，但是船上都沒有人，免不了多久就會不再並行，或許連距離都拉開了。至少要有人在其中一條船上，最好是

兩條船都有人，划著槳讓船能並排而行。在我們 SaaS 的世界裡，還有每家經常性收入企業中，這已經不再只是個好主意，而是法則。

　　或許對賣家來說，SaaS 最顯著的好處就是有可能為你的產品擴展市場，如今前期成本和創造價值的時間都大幅減少，有越來越多公司都加入了目標市場，而還有什麼比不斷擴大的潛在市場範圍更能讓公司增值的呢？再用 Salesforce 為例，我們已經談過了成本要素，那麼創造價值的時間又該怎麼計算呢？在 2002 年安裝希柏系統軟體很可能要花十八個月以上，從建構資料中心、購置硬體，然後還有複雜的安裝過程、配置，還有客製化的應用，這些都是每位客戶體驗的一部分，如果能在十八個月內完成就該覺得萬幸了。有了 Salesforce，你只需要連上他們的網站、提供信用卡資料、取得登入帳號，然後建置進入系統的帳戶、合約和時機，基本上花不到一小時。在六十分鐘內就能擁有可運作的 CRM ？在 SaaS 出現之前簡直無法想像。Salesforce 將這個概念做到了極致，甚至把「無軟體」這個概念整合到公司商標中（參見圖 1.1）。

圖 1.1　無軟體標誌

　　還有其他公司早早就加入了 SaaS 的行列，其中一個便是 NetSuite，這家公司也是站在保羅・格雷姆的肩膀上，讓這套新模式能夠使用在企業中。雖然也有其他 SaaS 公司在差不多的時間冒出頭來，Salesforce 的成功及風格還是吸引了人們的注意，而在 2004 年的 IPO 更讓人很難再懷疑，軟體商業模式

已經永遠改變了，而且也很有道理。投資人讚賞 Salesforce 並不是因為 SaaS 的概念很獨特，而是因為這套模式有效。但是這套模式要**真正**順利運作，就像我們已經討論過的，必須要控制流失，而控制流失的工具就叫作客戶成功學。就在 SaaS 最為成功的公司建立了客戶成功團隊又開始公開談論，就讓所有其他以訂閱為基礎的企業也能仿效，而客戶成功學運動就此展開。

正如先前所提，在 SaaS 和訂閱模式出現之前的日子，B2B 軟體的販售都是根據永久授權，而這表示在前期要付出鉅額金錢。有了 SaaS，這則算式就顛倒過來了，客戶對 SaaS 公司的初次財務承諾還不到客戶預期終身價值（LTV）的 10%，這也不是不常見的狀況，在按月訂閱商業的案例中，數字可能低於 1%。我們一起來檢視以年度合約提供軟體的賣家，比方說一位客戶在第一年前期要付出大約 25,000 美元，現在假設客戶在接下來八年都仍然是客戶，也就是說他們要延展合約七次，而如果考量到價錢每年因漲價會成長 7%，還可能購買額外的授權及產品，你會發現那位客戶的 LTV 會超過初始費用的十倍，而這就是我們一直掛在嘴邊的 LTV 之定義，LTV 指的就是一位客戶在與一位賣家來往時所會付出（或應該要付出）的總額，也是 SaaS 公司另一個重要的衡量標準。

對大多數軟體公司而言，獲取新客戶的成本非常高，所有行銷花費都必須理出方向，然後再花錢雇用昂貴的業務團隊將這些方向轉換成實際的客戶增加，而且，要增加客戶又要以一套建構完整的方案來管理，這一切成本都非常高昂，顯然大部分前期就要付出的。在大多數案例中，要花費二十四個月或更多的訂閱收益才能勉強打平獲取並吸引客戶訂閱的成本。如果客戶選擇按年訂閱，而這是大部分的狀況，他們就需要跟賣家延展合約至少兩次，這樣賣家才能收支平衡而開始獲利。流失的問題讓這項挑戰益發困難，而其急迫性更甚，因為大部分流失都發生在頭幾年，客戶會覺得要加入、採用的過程太複雜而離開。SaaS 公司的執行長很快就發現客戶真的就是王，他們

必須真正投入心力讓客戶成功，才能把客戶長長久久地留住。那是所有經常性收入企業的財務法則，也促進了客戶成功學發展。

　　客戶成功學其實是三個相異卻又密切相關的概念：

1. 組織
2. 法則
3. 哲學

　　在本質上，客戶成功學是著重於客戶體驗的組織，目標是希望能將留客率及 LTV 最大化，以訂閱為基礎的公司必須有效做到這點，否則就無法存活，而只有那些做得特別傑出的才能主導市場。

　　客戶成功學也成為了一套新法則，就像其他諸如行銷或產品管理或客戶支援等法則，人們創造出許多團體、論壇、最佳做法和研討會等等，來支援並培養這套新方法與實行者，與其他成功公司中的必要角色並肩。實行客戶成功學法則的人通常稱之為客戶成功經理（customer success managers，縮寫 CSMs），不過也可能冠上其他不同頭銜，例如帳戶經理、客戶關係經理、客戶倡導員，以及客戶管理專員等等，而在這本書中我們通常會以 CSM 來泛指其他所有職銜。

　　最後，客戶成功學是一種哲學，必須滲透到整間公司。一家組織或某個工作角色都不可能在真空中運作，而客戶成功學或許就是最佳示範，需要領導者由上而下、全公司一致投入，才能真正展現出世界級的客戶成功。

　　這本書接下來的章節都會專注討論這三條原則。

第 2 章

一訂再訂！客戶成功學策略：新組織 vs. 傳統商業模式

訂閱模式中，為什麼客戶成功學很重要？

在我們深入討論客戶成功學的組織層面之前，先來談談驅動連帶投資所想要的結果，這點的重要性在於你組織客戶成功團隊的方式，通常會受到你一開始想要對此投入心力的動機所影響。如果能夠好好執行客戶成功學，會有三種基本好處：

1. 減少／管理流失
2. 帶動現有客戶的合約價值增長
3. 改善客戶體驗及客戶滿意度

減少／管理流失。我們在第一章已經利用訂閱模式先驅 Salesforce 的早期經驗為例來探討過，流失可能會殺死一家經常性收入企業。如果流失太多，解決方法之一就是訴諸客戶成功學。重點是要了解，投資客戶成功學並無法彌補企業其他部分在本質上的缺失，如果你的產品不夠好，或者套用過

程無法符合客戶的需求，又或者你的業務團隊一直設定不恰當的期望值，那麼不管你在客戶成功學費了多少心力，最後還是會失敗。一切都是相應的，為了做到客戶成功而投資在人、過程和科技上，客戶流失太多就能減少，而如果客戶的流失落在將近可接受、可維持的程度，那就能好好管理，而確切的財務收益則要看你的現有客戶規模大小而定。

　　流失的負面效應還不僅僅是收益減損。公司都是由人組成的，因此如果公司有流失，人就會受到影響，而那些人又認識其他人，那麼負面宣傳很快就會散播開來，如果有很多人都能接觸到或使用你的產品，負面影響就會像病毒傳播出去。而且非常有可能，你所流失的客戶會向你的競爭者購買產品，這表示你讓人惡搞了兩次，就像你在錦標賽中輸給了自己窮追不捨的隊伍，你輸了一場而他們贏了一場，這是雙重打擊，在競爭激烈的市場中可是迎頭痛擊，而在前客戶反過來推薦競爭者的產品時（他們會用盡一切方法讓這件事發生），你會覺得更痛。這些都是負面的第二階效應（second-order effect），我們很快就會討論到正面的第二階效應。

　　帶動現有客戶的合約價值增長。這通常也稱為**向上銷售**（upsell）和**交叉銷售**（cross-sell），不過每個人對這些詞彙的定義都不太一樣，所以我盡量避免使用。基本上，意思就是要賣更多東西（經常性收入之類的）給你的現有客戶。有些公司沒有客戶流失的問題，因為他們的產品本質相當具有固著性，或者因為執行產品必須花費相當龐大的開支與心力。Workday 人資管理軟體公司這個例子就屬於後者，其客戶很少另尋他路，但這不表示客戶成功學就沒有必要或不重要，Workday 投入相當多資源在經營客戶成功學，以確保客戶沒有流失的可能，但是更確切的目的是想要帶來額外的訂戶／收益，提升公司的現有客戶底線。想想看，一家公司的一般客戶每年的消費或合約價值能夠增加 30%，那可是相當正面的評估項目，不過考慮到客戶群只增加了 10%，這就有趣了。客戶沒有流失，事實上該名客戶的淨留存率

是 110%，許多公司爭破了頭都想擁有那樣的平均數；但是對這家公司及那位客戶而言，跟一般客戶比較起來，他們卻是忽略了很大一筆收益，因為事實已經證明一般客戶（而不只是最佳客戶）成長了 30%，可以合理假設對那些不到平均數字的客戶運用客戶成功學可以將他們拉到接近平均數。像是這樣的情況中，基本上你就是想要將那 20% 的缺失當成流失看待，並積極想彌補這點。如果你現有的客戶基礎已經夠大了，將整體的淨留存率從 130% 提升到 137%，就能造成顯著的底線效應。將那些 110% 的客戶拉近到 130% 就能帶來同樣的效應，或許也能相當合理解釋為什麼要增加對客戶成功學的投資。還有一點很重要的是要知道，這個例子中所帶來的額外收益，其成本要比獲得新客戶更便宜，因為不需要相關的行銷費用，而且業務花費也一定會比較少。

改善客戶體驗及客戶滿意度。亞當・米勒（Adam Miller）是 Cornerstone OnDemand 人才管理軟體公司的執行長，這家經常性收入公司的營運非常成功。他最近告訴我，他並不打算合理化自己為什麼要在客戶成功學投注大筆金錢，他一心相信要呈現出公司承諾給客戶的價值，而客戶成功學就是他行事的工具，因此他乾脆將這個團隊的成本建立在毛利模型上並據此管理。當然，從客戶成功學的投資一定能夠為 Cornerstone 累積收益，但卻不是這麼做的驅動因素。

訂閱模式下，還有一種東西是因留住客戶、取悅客戶而得來的，通常會稱之為**第二階收益**（second-order revenue），大多數公司的財務模型都不會評估、計算到這點，而只會當成額外業務收入，但這卻是客戶成功學的直接結果。Adobe Echosign 線上簽署方案的前執行長傑森・蘭欽（Jason Lemkin）創造出**第二階收益**一詞，並將一位客戶 LTV 所增加的 50% 至 100% 歸功於此。他的理論很簡單也很合邏輯：

- 約翰喜愛你的產品，所以離開 A 公司改加入 B 公司，然後在 B 公司又買了你的產品。
- 約翰喜愛你的產品並介紹給三個朋友，而其中有人後來也買了你的產品。

　　這兩種情況其實都相當可觀，你也應該努力這麼做，不過創造額外的忠誠度還有很多其他正面效應，做法包括推薦、正面評價、口碑等等，而真正讓客戶感到開心也可以做到病毒式傳播。

客戶成功學是從本質上的組織變革

　　正如在第一章提過的，一家企業在最高層級進行組織變革其實非常罕見，雖然組織改造對多數商業人士來說是司空見慣，但是這麼多年來，商業的基本組織結構卻沒有太大變動。

- 有人設計產品
- 有人建造產品
- 有人創造對產品的需求
- 有人銷售產品。
- 有人安裝／維修產品
- 有人算錢

　　過去四十年來，這套標準組織模型只有一項主要改變，那就是加上IT，現今的商業運作都深度依賴科技，而有這樣的依賴也就必須創造出一個組織來管理科技，這表示現在大部分公司都有一張像下圖這樣的高階組織圖（參見圖 2.1）。

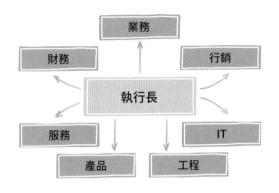

圖 2.1　高階組織圖

　　我們在第一章已經探討過訂閱海嘯來襲的所有原因，如今客戶成功學也加入戰局，這不只是讓某人從不同的角度來負責舊工作然後給個新職銜，這種事情常常有，不過新的組織就不同了，只有在某些關鍵的驅動力匯集起來才有可能成形，而通常驅動力是來自外部的推力，影響了許多或所有的公司，組織起 IT 部門來因應新興的科技爆炸就是最好的例子。現在客戶成功學也是同樣一回事，而必須具備三股關鍵的驅動力：

1. 公司對之有依賴
2. 需要一套全新的技能來執行
3. 有新的活動與相關衡量標準

　　公司依賴。我們花了第一章全部的篇幅，大概描繪出商業界是如何演進到訂閱模式，客戶成功學已成不可或缺的一塊。如果你做生意能長期成功，倚賴的是客戶 LTV，而不只是一次性的銷售事件，那麼一切就都不一樣了。人、科技、投資和焦點都匯聚到公司的那一塊，而其中一個結果就是形成新組織。

　　新技能。就和 IT 一樣，客戶成功學也需要一套新技能，你不能就找來一個聰明的工程師，讓她做資訊長（Chief Information Officer，縮寫 CIO），就認為她應該能夠管理公司內所有科技，並理解必要的流程、保全和行政程序來達成必要的商業價值。顯然不是那麼簡單。客戶成功學也是同理，如果管理客戶健康的商業需求並不存在，那麼你公司裡大概不會有人去分析可用的資料來判斷哪些客戶很健康、哪些不是。同樣地，沒有人會主動去接觸看起來需要協助或者有機會成長的客戶，或許甚至沒有人知道該如何衡量流失、留存、客戶成長、客戶滿意度或是其他根本沒人在乎的東西。當然有方法能夠做到這一切，但需要轉換成特定的技能。

　　活動與標準。要定義一個新組織，很大一部分就是要定義這個組織會做什麼、該如何衡量，提到客戶成功學顯然需要解釋這兩點，必須有人確切說出如何判斷是否順利執行的關鍵標準：

- 總續約
- 淨留存
- 採用
- 客戶健康
- 流失
- 向上銷售
- 向下銷售
- 淨推薦分數（Net Promoter Score，縮寫 NPS）

然後還有能夠達到這些標準的活動：

- 健康檢查

- 季度業務審查（Quarterly Business Reviews，縮寫 QBRs）
- 主動接觸
- 教育／訓練
- 風險評估
- 風險緩釋程序

　　過去在遇到非常情況時，有些公司也會進行其中幾種活動，但都是一次性的，而除了少數幾家發展成熟的 SaaS 公司，沒有人會將之彙整組織起來交由一個部門負責，也沒有清楚的成功評量標準（參見圖 2.2）。

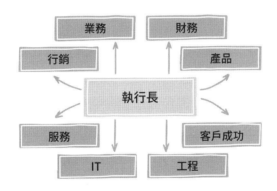

圖 2.2　擴大的高階組織圖

　　當然，訂閱模式光只是在組織圖上多加一個小方塊並不夠，就算你在裡面填滿了非常聰明的人，並提供一套標準讓他們能夠衡量並建議可帶來成功的活動，依然不夠。沒有一個組織能夠獨立存在，因此就讓我們來談談，要讓這個新組織能夠在整家企業中運作的關鍵是什麼。

　　首先，我們要先統一對詞彙的定義，我們在這本書中使用**客戶成功學**一詞，因為這是業界人人琅琅上口的用詞，不過要形容對客戶的某種持續專注經營，這不是唯一的詞彙，就連各家公司間對於客戶成功學的意思也莫衷一

是。就像我們在第一章提過的，客戶成功學不只是一套哲學，也是一個特定組織，而做為一種哲學，通常能夠建構出像圖 2.3 的組織。

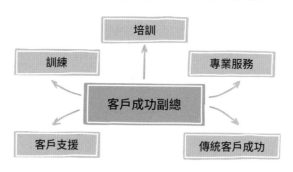

圖 2.3　依照客戶成功哲學而生的組織

從這個例子你會發現，客戶成功學一詞就像一把大傘，涵蓋形容了整個後行銷界，這個詞彙很好記又有意義，因為大部分公司的目標確實就是要幫助客戶成功，以此來描述整個組織的工作，就會成為全公司最重要的價值所在，能夠讓客戶和員工設定合適的期望值。如果執行長和董事會尋求，或至少希望能夠變得更加以客戶為中心，這樣的概念就能成為支持他們的力量。

你或許也注意到在客戶成功組織中有一個方塊寫著**傳統客戶成功**，我用這個詞彙來區分組織中那一部分的客戶成功哲學，掛著這個頭銜的人事實上是胼手胝足為客戶帶來成功的人。我用**傳統**來形容，因為**客戶成功**在訂閱模式先驅 Salesforce 以及後來的許多公司裡，原本是用來描述一項非常特定的工作，而該部門的員工就是要做這樣的工作。

客戶成功學其實不是這樣

我先前已經提過，還有許多其他名詞可以用來形容一家企業中某個組織或作為，其目標更著重於客戶，是為了讓客戶體驗變得更好、從賣家處獲得更高價值。大多數情況下，這些組織或作為和客戶成功並不相同，但是在某

些領域或有重疊，因此如果你想理解客戶成功，先理解這些也很重要。因為客戶成功引起了熱烈討論，所以也有更多人注意到這些組織或作為，結果是在市場上造成了更多混亂。

客戶體驗（customer experience，**縮寫 CX**）：CX 通常是指在客戶生涯中整體客戶經驗的評估與管理，包括客戶與賣家每次接觸的客戶體驗了解與管理，包括從業務、培訓、費用、客戶支援到合約延展整個過程，通常會以市場調查結果來決定方向或進行評估。有許多公司都根據 CX 而能成功營運，Satmetrix 系統公司就是一例，這套原則包括了科技解決方案、最佳實務方法和研討會等等，而因為客戶滿意度調查通常也是評估客戶整體健康的一部分，客戶成功及客戶體驗也就出現了一點點重疊。

客戶關係管理（customer relationship management，**縮寫 CRM**）：很多人都會用 CRM 來描述像是 Salesforce 網站、微軟 Dynamics、甲骨文 CRM（希柏系統）等方案的市場空間，其實 Salesforce 的股票代碼就是 CRM。這個名詞原本是用來形容這個市場，而非特定的角色或原則，但是因為實在太常見到了，所以一般常常會納入客戶成功的範圍，或者認為客戶成功只是 CRM 的分支。客戶成功管理當然完全可以稱為 CRM，只是這個名詞已經被用來形容完全不一樣的東西，以今日的情況來說，這兩者絕對是大相逕庭。

客戶倡導（customer advocacy）：客戶倡導大都是用來描述快樂而成功的客戶能夠在推動賣家進程中所扮演的關鍵角色，這段進程包括推薦介紹、案例研究、正面評價以及使用者團體參與。像是 Influitive 這類企業、科學及科技解決方案都是依照客戶倡導的概念所建立起來，與客戶成功並行互補。如果客戶成功可以定義為管理客戶的健康，那麼客戶倡導就是與健康相關資料的來源，可以評估客戶健康的某一面向。客戶倡導可能也是健康高分客戶的產出，你可能會發現客戶成功和客戶倡導很輕易就會形成良性循環。

客戶成功「不是」客戶支援

　　客戶成功與客戶支援之間還有一項至關重要的組織差異，所以我們應該花幾分鐘討論一下。客戶支援這套組織與原則存在已久，在描述客戶支援在做什麼時幾乎都圍繞著**故障／修復**（break/fix）一詞，也就是說，如果某樣東西好像壞掉了，或者運作狀況不如你預期，你就會透過 0800 等免付費電話、線上即時通或電子郵件等方式尋求協助，這樣的接觸點對於客戶與賣家的整體經驗來說十分重要，你是否也常常聽說某人抱怨在電話上等了很久，或者終於跟客服對上話了卻又沒提供什麼幫助？對於我們許多人身為客戶來說，特別是消費者，這是接觸賣家的第一步，因此那些從事 CX 的人才要在這一塊花這麼多心思，而要討論客戶成功時也增添許多困惑，以下就詳述幾個原因。

　　一個原因是聽起來很像，不單是字面上還有縮寫都是 CS，而且認知上的意思也很類似，客戶成功不就是新時代裡描述客戶支援的說法嗎？並非如此，不過確實很容易就下了這樣的結論。

　　而且通常在技術上也有重疊，負責客戶支援的人必須要精通產品詳情，而客戶成功經理人也是；兩種角色都需要具備良好的客戶應對技巧（個性、耐心、誠懇相助、厚臉皮等等），另外問題解決的技能對這兩者也非常有用。

　　另一個造成困惑的原因只是因為邏輯太過單純，通常會像這樣：「如果我們已經有一個團隊，他們了解產品又能在客戶有需要時提供協助，為什麼還需要另一個團隊具備相同的技能，而基本上又是做同樣的工作呢？」

　　要打造出成功的客戶成功組織，就需要清楚劃分他們與客戶支援團隊之間的責任歸屬，有幾項評估標準有助於釐清這兩組團隊：

	客戶成功	客戶支援
財務	導入收益	成本核心
反應	先發自主	被動回應
衡量	成功導向	效率導向
模式	分析為主	人力密集
目標	預測	回應

這兩組人馬並非描述相同主題的同義詞，其實在許多最重要的面向來說甚至是互相矛盾。

因為兩者的相似性，所以有太多情況是客戶成功一開始都是在支援組織內部形成的，即使有先前列出的清楚劃分，卻也不是一定就能成功，通常會發生的情況是客戶成功會變成一種進階支援服務。能夠有加強的支援服務很好，但這不是客戶成功，他們通常會帶給客戶正面的元素，例如改良的服務級別協定（service-level agreement，縮寫 SLA）、延長支援時間、多地區服務、指定聯繫點、直接取得第二級支援等等，這些都是非常好的服務，客戶也應該而且確實多付一點錢，但是這些仍然不是客戶成功，主要是為了應對他們所面臨的客戶問題，最終總是會落入效率導向（結案數量／天數／專員人數）。相較之下，客戶成功會運用資料主動積極預測並避免客戶提出的難題，而且通常能夠用客戶留存率來衡量。

這兩種組織對要求效率的公司而言是百分百必需的，在這裡我們只想奉勸一句，要注意，此兩者的設計並非為了完成相同的目標，而組織差異其實比起組織近似的好處要更大。到頭來，兩個團隊會密切合作，在許多客戶情境中積極協同運作，但是兩者必須分開，至少在一開始要這麼做，才能形塑出客戶成功學的法則及流程，而不會影響到應對性質的客戶支援團隊。

客戶成功學是什麼

現在我希望我們已經釐清了一些可能會有的疑惑，接下來該進一步探討簡單的組織架構，並討論如何讓以客戶成功學為核心的企業能真正運作。一開始或許很適合先來闡明前面提過的評估標準，也就是如何區分客戶成功和客戶支援，這樣或許有助於你了解需要找哪種人來領導組織，以及個別職責角色該有的特性。

客戶成功學是：

能夠帶來收益——在訂閱模式的經常性收入公司中管理現有客戶，就代表公司財務是否健全有很大一部分是其責任，客戶成功學這個組織能夠帶來的收益有兩種方式：

1. 延展合約（或避免流失）——延展是一種銷售交易，可以是明確（簽約）也可能不明確（自動延展或非選擇退出）。身為消費者，我們跟自己的手機供應商一起生活在這世界上，無論何時選擇退出都是我們握有的選項，如果我們綁了兩年合約，要退出或許會有罰款，但仍然是一個選項；如果我們不受任何合約限制，那麼隨時想退出都不必受罰。不管是哪一種狀況，只要我們不換供應商，每個月都應該會有一次交易，而要負責確保我們不會選擇退出的團隊，我們在這本書中通常會說那是客戶成功，而許多 B2B 公司更是直接稱之為客戶成功。像是美國電話服務供應商 AT&T 或者威訊無線（Verizon）這類消費性公司，或許不會稱之為客戶成功，不過一定會有團隊來分析資料，並努力避免或減少他們在某位或某群客戶身上發現的風險。

2. 向上銷售——這個行為是指向你的賣家買更多產品。將我們的手機比喻再延伸一下，就是說你購買了更昂貴的方案，例如無限國際通話或者無限簡訊或更大數據量。這些向上銷售都能增加你的合約對供應商

的價值，而同樣的事情也會發生在 B2B 的世界。

在許多情況下，無論是合約延展或向上銷售，客戶成功團隊可能不會確實在銷售交易時運作，通常會由特定的銷售團隊負責合約的協商以及最終簽署。但是，就算銷售交易並非由客戶成功團隊執行，卻是因為他們而發生。再提一次我們先前說過的，成功的客戶會做兩件事：（1）繼續當客戶（延展合約或者選擇不退出），以及（2）跟你買更多東西，而因為客戶成功學的工作就是要確保客戶能藉由你的產品而成功，所以是能夠帶來收益的組織，這代表團隊中的人如果沒有直接的銷售經驗，至少也要精熟銷售業務。

主動積極──這是與客戶支援最大的不同，大多數人都在應付他們所收到的客戶要求，可能是透過電話、訊息要求、電子郵件或推特。客戶成功團隊會運用資料及分析結果來判斷應該去處理哪些客戶，可能是因為他們似乎有流失的風險，或是因為似乎有向上銷售的可能，又或者是因為有像季度業務審查（QBR）這類常態例行的事件發生。有些人終其一生都只是知道依據事件發生而做反應，要注意如何將客戶成功學帶給他們，這樣的轉換是可行的，但卻不容易。

以成功為導向──以成功來衡量能夠提升公司的財務獲益收入（訂閱或利潤），新增商業銷售顯然是一項成功指標。在客戶成功學的世界裡，重要的指標通常是合約延展率、向上銷售比例、客戶群整體成長等等。效率指標則非常不同，其著重於減少成本，而不是增加收益。將組裝新車的時間減少一天，這是效率指標，而如果你要製造很多輛車，那麼這對公司就非常有價值，但這並不會直接造成賣出更多車的結果。那些效率專家並不必然能夠成功帶來更多收益或訂閱數。

著重分析──大多數企業和組織都會靠資料分析來決定方向，不過客戶成功學卻要倚靠具有前瞻性或者具預測性的資料分析，這和許多其他組織都不同。用銷售來比喻資料分析能夠幫助你找到整段流程中最適合行動的時

機，資料分析也能夠促進客戶成功，因其能預測出像是流失或向上銷售的結果，讓團隊有時間進行最佳化。一名專家在一位開心的客戶身上花時間通常都能造成好結果，例如更高的客戶滿意度及更多推薦，但是其價值或許比不上花時間在一位有困難的客戶身上，以確保能夠留住這名客戶。運用適當的預測性數據資料而專注在分析上，對於客戶成功團隊的有效運作非常重要。

　　預測性──這一點必須是客戶成功的焦點，不只是資料分析以及確切的分析結果，還跟人有關。記住，會造成差異的立場就只在於反應性。能夠增進反應積極性很棒，對客戶來說尤甚，他們會很欣賞，而且能夠增進雙方的整體經驗，但是預測性又更進一步，你要在客戶需要打電話給你之前就知道該聯絡這位客戶。

客戶成功學的多功能影響

　　加入了這個團隊後，要創造出整體健康狀況良好的組織，首先就必須認清客戶成功學並非孤立於組織之外的同名哲學，而必須成為滲透整間公司及文化的概念。比起其他組織來說，或許客戶成功學更不像是一座孤島，無論你是否經營的是訂閱模式的經常性收入企業，如果你真的願意為你客戶的成功而努力，並將之做為你企業的主要支柱，那麼你公司上下每個部分都必須同樣投入其中並以此為動機。

　　先來想想動機。要確保全公司上下都確實投入客戶成功學，一個辦法就是要提供適當的動機。大多數公司都有主管紅利計畫，而許多更會分紅給員工，就算不是人人有獎，至少也能多數人受惠。在這兩種情況下，紅利可能就是關係到整體的公司成功，這表示某個人，或許由執行長在得到董事會許可後，決定如何評估公司成功最為恰當，以及該拿出多少紅利。在某些公司裡可能就只是根據業績成長來看，而有些公司則是依盈利能力決定，若是在以客戶成功學為動力的公司中，也會納入某種客戶留存率評量標準。一套簡

單但絕對有效的計畫可能只有兩種元素：頂線收益／訂閱成長（業績）和客戶留存率。如果每位員工，尤其是主管級員工，同樣都有強烈動機要考慮到留存率與業績的問題，就能傳達出強烈的訊息讓人知道公司將這兩點列為優先，而且很有機會達成設計報酬／紅利計畫通常的目的：改變行為。

　　這裡另一個相關的概念是訂閱模式要確保能夠漂亮達成客戶成功的標準，可能包括延展率、淨留存率，或是客戶滿意度等等，不管評量標準為何都必須要漂亮達成。有一句商業俗諺說得非常對：「如果有很多人都能做到，就沒人做得到。」你不會想著要經營一家公司卻沒有人來負責銷售數字，對吧？如果你認真進行客戶成功學，並視為公司長期成功的支柱（與銷售同樣重要），難道不需要有人來負責留存率數字嗎？當然需要。將責任交付給某人，並讓他們擁有與業務主任同等的權力來達到理想數字，讓他們有權搖動樹幹以求行動、逼迫其他組織、爭取資源、做出策略性商業決斷，或者以上皆有。要有人能夠完成這一切，知道自己的工作就全看是否能做出成績來。或許可以說，在你公司中領導客戶成功行動的人，其主要工作就是確保其他所有組織都能經常思考留存率的問題。

　　這兩種概念加在一起就能像下列所述推動一家健康的訂閱模式企業持續前進。喬是 Acme 公司的業務主任，Acme 已經經營了一段時間，公司體制相當健康、業績持續成長。喬手下有四十五名需承擔業績的銷售業務員、十五名解決方案顧問，另外還有五名員工負責訂購平台的運作、管理他們使用的工具，大致上就是要支援團隊。同時，喬也肩負著今年 7,300 萬美元訂閱額的目標，顯然是直接對執行長報告。

　　辦公室另一頭是雪莉，她是客戶成功主任，手下有二十九名客戶成功經理（CSM）、七名合約延展及向上銷售業務，還有三名員工在客戶成功部門中負責支援她與整個團隊。她要負責管理 Acme 總共二千二百名客戶，今年要承擔 1.45 億美元訂閱額，也就是 1.32 億美元延展收入，而整體淨留存

率目標為 110% 之外，還要加上 10% 的向上銷售額。她也是直接對執行長報告。

有一件事我相信你也一定注意到了，那就是雪莉的業績目標比業務主任更高，高非常多。這種情況會發生在經常性收入企業中，通常也不會維持太久，對健康而持續成長的公司來說是四至五年，如果營收頂線開始走平就會更短。例如一家公司從三年前開始營運，這三年的訂閱額分別為 100 萬、400 萬、1,000 萬美元，就說到目前為止的淨留存率是百分之百，也就是說現有客戶的現值（等於年度經常性收入〔ARR〕）為 1,500 萬美元。現在我們假設未來這一年的銷售成長目標為 50%。這個故事中的公司相當不錯，不能說罕見，而成長策略的積極性也很合理，這同時表示不管是誰要負責留存率，假設未來的淨留存率會是 110%，那麼業績目標就會比業務主任還要高：接下來一年是 1.65 億美元對上 1,500 萬美元，而這樣的差異很快就會越拉越開。如果雙方在今年都能達成目標，而在明年又訂定了相同的成長目標，這個數字就會分別是 3,470 萬美元與 2,250 萬美元。參見圖 2.4 說明在幾年間其個別業績目標會是如何。

回到我們的故事。某個週一早晨，喬走進技術主任的辦公室，他每週都會去好幾次，兩人的對話主題很可能就是喬為了達成今年的銷售數字，需要比爾幫他做什麼。

「少了這幾種功能，這場競賽簡直要逼死我們了，要是能跟 WhatBit 整合，可以讓我們擁有競爭優勢，靠這個我就能讓產品賣翻天。還有，我需要在展示樣品上動點手腳，或許不需要兩、三天就能做好，讓產品看起來真的超棒。」最後要離開時，他可能會這樣說：「如果我們不能把這些東西做出來，就真的很難達到銷售目標，這樣我們就會被手上的股票害死了。」

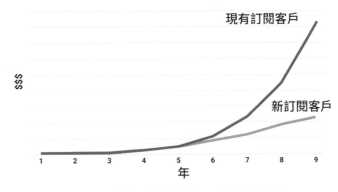

圖 2.4　現有訂閱客戶 vs. 新訂閱客戶

這種對話一天到晚都在發生，已經持續好幾年了。

當天稍晚，雪莉也走進比爾的辦公室，之後的對話其實聽起來還滿像的，不過當然要轉換成雪莉的立場。

「現在整體的表現真的對我們很不利，結果是讓好幾名關鍵客戶對延展合約的條件施壓。另外，有一項報告我知道在產品展示中看起來不怎麼樣，但是我們的客戶真的很想要。還有一件事，Blart 功能真的很讚，可是我需要這項功能獨立出來，這樣我們就能當成升級功能來銷售，而不是標準方案的一部分。如果我們可以做到這些，我想我就有機會達成業績，這樣我們拿著股票也會更開心。」

問題很清楚了，對吧？這些要求會互相牴觸，雖然都對公司有益，但最後總會帶來衝突。衝突在生意場上並非新鮮事，組織內的衝突若是處理得宜，就能成為推動公司向前的引擎。前面提到的情境正說明了為什麼你會希望技術主任比爾能夠受到激勵，並且喬和雪莉與他的談話同樣可以發揮影響力。身為執行長，你需要創造出這樣的現實，喬和雪莉都要負責達到一定的銷售數字，這對你的生意營運相當重要，你會希望他們在公司內的權力相當，能夠達成業績，這樣生意才會蒸蒸日上；同時，你也希望能夠激勵比爾，讓他願意達成這兩人的願望，雪莉跟比爾所說的話必須和喬跟他所說的

話具有相同分量。這在大多數公司中是一種權力轉移，銷售就是王，而且一直以來都是如此，而且也應該如此，當頂線成長是唯一真正重要的事情，能夠推動這種結果的人就擁有權力。但是如果整間公司將焦點轉向客戶成功學，特別是做為經常性收入企業的話，有部分權力就會轉移到能達成留存率的人手上。一段時間過後，等到你的現有客戶價值遠勝過新增的訂閱生意，權力轉移也會繼續相應進行。

對銷售的影響

現在讓我們更仔細檢視一家訂閱模式企業中的各個主要組織團隊，以及聚焦在客戶成功如何改變其運作方式，而因為我們已經開了頭，那就先從銷售開始吧。

其實我在這裡要一起討論批發銷售和行銷，因為其聯合目標都是一樣的。為了這裡的討論，我會把行銷的範圍縮減到需求產生（demand generation），也就是為銷售團隊提供頭緒的人及過程，能夠讓他們獲得新客戶，而如果公司轉而把焦點放在客戶成功及留存率上，這個世界會變成什麼樣子？會發生幾件事，可能會馬上發生或者過一段時間才發生：

1. 出現全新的行銷與銷售焦點，只著重於使用你的產品後能夠長久成功的客戶。
2. 較不注重將第一次交易的價格放到最大，特別是這麼做會耗費客戶的終身價值（LTV）。
3. 整體上更關心合約延展。
4. 展望未來，設定更為恰當的期望值。
5. 更加關心知識轉移以及銷售後的準備，以確保客戶對產品上手後仍能持續成功。

6. 對於延展以及／或者 LTV 提供激勵動機。

　　這些都是你的招募團隊思考中明顯而必要的轉變，就像我們在第一章討論過的，銷售員跟執行長很類似，他們確實都希望客戶能獲得長期的成功，當中的大多數並不只是想要用公司其他人的努力來賺錢，但還是那個老問題，他們的動機以及過去只考慮當下的習慣常常會妨礙他們的作為。如果要讓你的公司獲得長期成功，對於需求產生、銷售，或許還有如何激勵這兩者，你的思考模式恐怕都得徹底改變。

　　最極端的狀況是，最後你甚至可能得拒絕跟會繼續當客戶的人做交易。這樣的建議聽起來很危險，確實如此，不過如果非常謹慎行使這份權力、倚靠真實的數據來做決定，而不僅僅仰賴有趣的小故事和直覺，這麼做可能是對的。到頭來，如果這份權力並非握在你的客戶成功主任或客戶長的手上，那麼就會落在你身為執行長的懷裡，而你必須在兩種決定間取得平衡，若不拒絕，而選擇為了達成季度業績數字忍痛跟不對的客戶做交易，有可能過段時間還是會失去這個客戶。

　　隨著時間過去，累積並分析過大量數據資料，就能依照資訊來做決定，甚至是決定要不要重新調整需求產生團隊的焦點，轉而只聚焦在最有可能獲取終身成功的潛力客戶上。

對產品的影響

　　現在，我們來談談你的產品團隊，我在討論中會一起納入產品管理以及工程技術／研發／製造。我們已經用喬、雪莉和比爾的故事檢視一個例子，因為客戶不再受到前期大量投資和轉換成本所困，所以你的產品思考必須也要轉移到留住客戶，而不只是銷售。簡單來說，你的產品送到客戶手上時就要表現出吸引客戶的潛力，事實上我就聽過一種客戶成功的定義：**行銷承**

諾，說到做到。記住，這裡所說的轉移不只是要關心客戶，還必須知道他們的 LTV 對公司而言是生是死。你的產品團隊中可能會有這樣的留存率思考：

- 在產品中內建投資報酬率的衡量方式
- 讓產品更容易執行
- 為了更容易採用而設計，不只是為了功能性
- 黏著性比功能更重要
- 實際表現比演示品質更珍貴
- 創造能夠向上銷售的模組，而不是將所有功能整合成基本組合方案
- 讓客戶更容易做到自足

這些特色中有許多已經是厲害的產品團隊本能思考的一部分，但是以客戶成功為核心的公司會將之視為法則，而不只是具備這樣的特色會很好。

好消息是，在組織良好、以客戶為重的公司裡，負責客戶留存率或者客戶滿意度的人會經常驅動這些法則，公司裡不需要有人去提醒每一個人能夠將產品賣給新客戶有多重要，不過將客戶留存和 LTV 加入公司裡大部分相同的焦點，這可是新的想法，只是對你的客戶成功主任而言就不算新想法，這種概念已經存在於他們的 DNA 裡，不需要誰來提醒他們客戶有多重要，他們的薪水和工作都全靠這樣的想法，而如果他們把工作做好，就會不斷讓整間公司重新聚焦到這個方向。

對服務的影響

對於你的服務團隊來說，這種思考的轉換就比較微妙了，他們比較需要的是馬上著手，而不需要像我們前面這樣條列出特定的說明，我想將之總結

成一句話：「在經常性收入企業中，沒有所謂的銷售後，每一次活動都是銷售前活動。」

比較一下，一位客戶跟你簽了季度合約，另一位則是購買了永久性授權，哪一位比較急著使用你的軟體？對後者而言，某項專案落後了兩、三天或甚至一個禮拜，或許不是那麼要緊，但是對一個在九十天內（六十個工作天）就要決定是否要繼續使用你家產品的客戶，兩到三天可能就會是天差地別。

在整個服務團隊中，一定都抱持著這樣的態度，接起客戶支援電話的人必須將解決那個問題的方法想成是銷售前活動。銷售員和解決方案顧問認為每一次跟客戶的互動都很重要，因為時間不停在走，眼下這一個月／一季／一年不斷減少，他們必須談成這筆交易。客戶支援專員也必須有這樣的急迫感，一定要盡快為這名客戶解決這個問題，因為是不是能做成交易就看這通電話了，而當然這筆可能的交易就是延展合約，或者如果沒有正式續約的話就有流失的機會，又或者在按次計費的生意裡，就有機會創造出對你更多產品的需求。

一位厲害的客戶成功經理（CSM）其中一項工作，就是要常常問這個問題：「為什麼這位客戶現在就需要我的幫忙？我們在上游可以做什麼，或者應該怎麼改變做法，這樣我才不必進行這項任務？」這樣的想法經常會把壓力加諸到服務業的其他部分：

- 客戶支援無法完全解決問題。
- 重要案件在客戶支援中開放太久。
- 客戶接受了訓練，知道如何回報問題，卻不懂得該如何回報自己的需求。
- 新手訓練團隊的組成並不能解決客戶需要解決的使用案例。

在所有這些案例中，客戶成功人員（CSM 或其主管）的工作不只是要協助客戶克服困難，更要直搗問題源頭並施壓，以確保之後的客戶不會落入相同的狀況，這表示他們要回頭去找客戶支援、訓練或培訓部門，要求他們更進一步。顯然，最佳的客戶體驗不是在你需要時能有人來幫忙，而是越來越不需要別人幫忙。

老實說，客戶成功也一定要做到同樣的事，如果非服務類部門會讓客戶面臨失敗，他們就必須回頭去挑戰其做法：

- 銷售員對於產品所能做到的事情有錯誤期望。
- 產品無法發揮所承諾的功能。

但是能夠讓客戶成功團隊為你的客戶帶來真正的成功，這樣的組織影響力有很大一部分會發生在服務部門內，因此當務之急是要知道每一項任務及挑戰需要用到哪一種服務，他們必須開始把自己想成是售前服務人員，而非售後服務。

這也是為什麼客戶成功主任必須擁有實權，而且要具備真正的領導能力，為了讓公司持續向前，他們的大部分職責就是要影響那些並不為他們工作的人，必須要具備威嚴、鼓舞人心的能力以及技能，能夠和業務主任或技術主任或其他部門的頭頭正面交鋒。就許多方面來說，一位合適的客戶成功領導者會具備跟業務主任十分相近的技能，只是更傾向為客戶服務，而不只是想著要談成交易。

第 3 章

傳統非經常性收入業者的客戶成功學

今日，客戶成功學主要是 B2B 世界中 SaaS 公司的核心，正如我們討論過的，訂閱經濟模式創造出了一種急迫性，因而催生出對客戶成功學的需求，並鑽入了商業意識當中。但是，這也能適用於其他行業嗎？

我要大聲喊出答案：**沒錯**。有許多 B2C 以及非科技公司已經知道他們需要客戶成功學這個概念——不管用什麼樣的名稱。而在某些情況下其實是再次發現這樣的需求，箇中理由非常多，包括：

1. 大多數公司都在思考如何成為以訂閱模式為基礎的企業，或者至少要創造出某些以訂閱模式為基礎的產品。

2. 創造出絕佳的客戶體驗，並且確保客戶能夠從你的產品中獲得真正的商業價值，這麼做會有回報。就算是非訂閱模式的商業，回頭客的生意也是關鍵，而如果你生活在信奉這條真理的世界裡，就該想想客戶成功學可以如何幫助你。

要記得，**客戶成功學**一詞其實就是換個說法來描述**忠誠度創造**（loyalty creation），尤其是**態度忠誠度的創造**。在確實存在客戶成功團隊的公司裡，這些團隊的存在是要帶動忠誠度，如此能夠帶來客戶留存率和收益成

長。忠誠的客戶會跟著你，並跟你買更多東西，每家公司都希望自己的客戶
能做到這兩點，而訂閱已經成為達成這個目標的第一步，這也就是為什麼在
科技的助長之下，讓各領域的市場突然冒出一大堆訂閱模式。但訂閱模式並
非最後的聖杯，而僅僅是開端，每一次的訂閱都讓我們領悟到一個現實，那
就是我們將大部分權力交到了客戶手中，而這表示你必須拿出他們需要或想
要的東西，才能獲得你想要的交易結果，這就是客戶成功學發揮的時候了，
或許是讓一個團隊直接介入與客戶接觸，或者是運用科技幫你將相關而及時
的訊息送給客戶，都能讓客戶擁有更好的體驗。

訂閱模式只能用在軟體和雜誌上嗎？

　　我們先來看看訂閱經濟模式擴展到軟體以外領域的狀況，因為這對客戶
成功學的成長與重要性來說是相當關鍵的因素，有些訂閱經濟已經行之有
年，我們早就習以為常：

- 雜誌
- 健身房
- 有線電視
- 鄉村俱樂部
- 傳統科技（硬體／軟體維護）

比較新的我們也快速適應中：

- 電影（網飛〔Netflix〕）
- 衛星廣播（天狼星廣播〔SiriusXM〕）
- 音樂（潘朵拉、Spotify、蘋果音樂〔Apple Music〕）

- 飲食計畫（Nutrisystem、慧優體〔Weight Watchers〕）
- 健康儲蓄帳戶計畫（各大保險公司）
- 生鮮雜貨代購快遞（Instacart）

還有那些尚未改變我們生活的，但或許就快了：

- 刮鬍刀（Dollar Shave Club）
- 餐點（藍圍裙〔Blue Apron〕、EAT Club）
- 健康飲品（Soylent）
- 包裹遞送（亞馬遜 Prime）
- 處方藥（PillPack）
- 瘦身中心（ClassPass）

　　這世界上每一門生意都在想著如何轉變成訂閱經濟模式，你想想星巴克的執行決策者會不會討論著訂閱無限咖啡的價格以多少為最合適？如果每個月不用 50 美元，那就算我一份吧；那麼像優步（Uber）這樣的公司又如何呢？你可以大膽假設，這家公司裡一定有一組數據資料科學家爬梳過所有數據，想要提出一套優步訂閱方案──說不定，載著你在舊金山到處走，一個月只要 225 美元？如果這樣可能會更方便一點點，就會有很多人不再搭乘一般的計程車或使用 Lyft 共乘服務。這些計畫十分有力，因為能夠做到每家公司都渴望、都喜愛的兩件事：可預期的收益及忠誠度，而且這樣的概念都是雙向的。我們身為顧客，通常喜歡能夠預測的花費，正如企業也喜歡可預測的收益一樣，因此有許多顧客選擇每個月付給電力公司相同金額，而不是擔心因季節轉換而有高低變化的收費。另一點就比較微妙，其實人性天生會將忠誠視為一種正面情感，甚至就像榮譽的勳章一般，你有沒有聽過開福

特（Ford）卡車的人和開雪佛蘭（Chevy）卡車的人之間的對話？在某些地方，忠誠度可能會讓人大打出手。我們只是想以自己所做出的決定為榮，這表示需要用到我們的忠誠度，而訂閱經濟模式正是運用忠誠度的完美載具，能夠滿足我們對忠誠的渴望。

　　許多公司其實早就存在先前提到的概念，這些公司提供的飛行／購物常客獎勵計畫（frequent flyer/shopper program）已經行之有年，建立起顧客忠誠度。從定義來說，提供這類計畫的公司都屬於按次計費的生意，而就像我們先前提到的，按次計費模式在管理客戶這方面看起來和訂閱經濟模式非常相似，購物常客獎勵計畫會提供各式各樣的理由，讓你願意繼續跟一家公司做生意而捨棄其他公司。最近如果我要租車，一定會找全國租車公司（National Car Rental），他們有我的所有資料，願意讓我直接走到車輛的停放處去選想要的車，然後開到出口，而我所要做的就只有亮出駕照，比起其他非會員的流程，包括要排隊、填表格，還有一大堆簽名、蓋章，實在方便太多了。現在我已經被綁死了，就實在不太可能去跟別家公司租車，除非其他人能有辦法讓我的生活還更輕鬆，例如把我租的車直接開到我離開機場的那個出口，而且讓我想把車留在哪裡就留在哪裡。

　　講到**某某常客**獎勵計畫，大家第一個會想到的顯然就是航空公司的飛行常客獎勵計畫。我還在研究怎麼開始寫這本書的時候，一個朋友問我客戶成功學是不是能應用在 SaaS 以外的領域，我直接反射性回答：「其實不太能。」然後他就問了我一個簡單問題，直接打我臉：「如果你今天預定要搭乘的聯合航空（United Airlines）班機延誤了，那會怎麼樣？」答案是：我會收到簡訊通知我班機延誤，有可能會直接告知新的預定起飛時間，或者是下一次訊息更新預定要等多久。那不就是客戶成功學嗎？聯合航空當然是希望我能盡量搭乘他們的班機，因為搭乘飛機旅行的經驗一點也不完美，而若聯合航空想要成功，他們必須要做的事情有一部分就是在情況不按計畫進行時

隨時通知我，因此，在班機延誤時、登機門變更時要傳簡訊給我，或者在我的行李沒跟我一起搭上同一班班機時也要通知我。

　　CSM 在 SaaS 公司中的日常工作大部分也是要不斷設定、再設定客戶期望值。原本計畫在星期四送達的新產品現在要延遲兩個星期，客戶所想要的回報功能現在已經加入了 10 月的新產品中，又或者從正面的角度來看，我們承諾要推出的高級支援程式今天開始就可以買到了，而不必等到我們一開始計畫的 9 月 1 日。這一切都是 CSM 每天要應付的部分日常工作，就像是聯合航空所做的那樣，他們會不斷提供最新的訊息，讓我能抱持踏實的期望。而這樣的擴大服務是改良客戶體驗的一部分，能夠留住客戶，就像飛行常客獎勵計畫所帶來的額外好處那樣，這都是客戶歷程的一部分，而客戶成功學的核心哲學，就只是要將客戶從你的產品所獲得的價值最大化，才能吸引他們不斷回來。這個概念顯然能夠從 B2B 的 SaaS 跨界套用到非科技類的公司以及 B2C 公司。

　　再舉一個例子，看看這個世界如何走向訂閱經濟模式。你知道福斯汽車（Volkswagen）現在是 SaaS 公司了嗎？真的，他們的新車中已經把蘋果的 CarPlay 功能列為標準配備。這並不是什麼新鮮事，畢竟已經有很多汽車公司都這麼做，有些選擇 CarPlay，有些則選擇安卓的 Auto；新鮮的是福斯汽車升級了 CarPlay 的功能，加入自家的 Car-Net 應用程式，讓你能夠使用各項功能，包括遙控上鎖、遙控喇叭並閃光、停車資訊、車輛遭竊定位、自動撞擊通知、問題診斷以及車輛監控。接著，這家公司就變成 SaaS 了：CarPlay 是標準配備，但福斯汽車專屬的 Car-Net 應用程式則是升級版，每年收費 199 美元。你看到最後那段了嗎？每年！又一家 SaaS 公司誕生了，必備條件就是以收取月費或年費的方式提供軟體。當然，這只是開始，想像一下，或許在不久的將來，汽車公司就會提供以訂閱為基礎的車輛擁有方案，一個月付 650 美元，你可以從十五款車輛任選自己想要駕駛的型號，而

且還可以在分配方案許可範圍內隨時更換車輛。因為軟體正漸漸占據（連結）整個世界，你所選擇的每一輛車在送到你手上時，已經預先設定好了你常聽的廣播電台，將座椅調整到你喜歡的角度，而溫度也完全控制在你喜歡的溫度。還有，你的車輛登記與保險資料都能透過車輛軟體取得數位資料，在你需要的時候呈現在螢幕上方便警察查驗。然後，那些汽車公司都會想要雇用你，也就是正在讀這本書的讀者，因為他們迫切需要找到客戶成功學的專家，才能達到他們所需求的全新成功。

　　而這樣的改變必定會影響到每一家公司，如果汽車公司、處方藥公司和空中廣播電台都轉向訂閱經濟模式，還需要懷疑什麼？每家公司至少都會試試看這麼做吧？這樣能夠創造或者確保客戶忠誠度，又能拓展生意，更容易接觸到那些可能不屬於你目標市場中的客戶。

訂閱模式如何做到客戶成功學

　　雖然客戶成功的哲學基本上都一樣，但是不同公司要如何做到還是有些很大的差異，這裡舉出三個例子並列出客戶數的大略估計值及訂閱年費方案（annual subscription plan，縮寫 ASP）：

1. Workday——幾百名客戶，每年 100 萬美元
2. Clarizen——幾千名客戶，每年 1.5 萬美元
3. 網飛——幾百萬名客戶，每月 10 美元

　　很明顯的是這三家公司管理客戶成功的方法不可能相同。Workday 能夠負擔得起派遣幾個人去協助客戶，例如產品或領域專家，他們可以花相當多時間幫助客戶理解並有效使用他們的產品。Clarizen 也可以針對幾個客戶這麼做，但同時必須煩惱長尾拖得有多長，落在哪一塊他們想要留住的低價值

客戶。網飛跟客戶之間的互動則可以做到百分百自動化，網飛 CSM 和客戶不會經常通電話或見面。這裡顯然出現了客戶價值階層，以及對應每一階層的相關接觸模式，對許多公司而言，這個模型可以套用到整個現有客戶群上，而不同的客戶會分別屬於這三種不同類別（參見圖 3.1）。

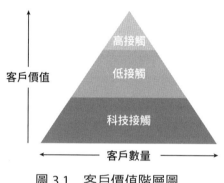

圖 3.1　客戶價值階層圖

　　讓我們更進一步檢視在金字塔每一階層的客戶成功學是什麼樣子，要想像客戶成功學如何應用在各商業領域、各種大小規模的公司及各種數量多寡的客戶群，就必須先了解這點。

　　高接觸。這個模式在定義上來說是最為人力密集的，但是以客戶為產品所付出的價格便值得這樣的花費。像 Workday 這樣的 SaaS 公司最常使用這種模式，讓客戶為他們的產品付出相當高的價錢，但是這絕對不是只有 SaaS 公司才能使用，例如萬豪酒店（Marriott）跟直播衛星公司 DIRECTV 簽訂合約，讓全球每一家萬豪酒店裡的每個房間都能選擇收看電視，你可以大膽認定在 DIRECTV 一定有某個人負責管理這段重要的合作關係，而這個人握有相當大的權限能夠讓公司內部各組織一起把工作完成，才能讓這麼重要的客戶滿意。不管他們說這是什麼，或許是傳遞價值以促進忠誠度，這就是客戶成功學。

　　高接觸模式通常包含了在賣家和客戶間的頻繁互動，有些是安排好的，

有些則不是。最好的高接觸客戶成功學經常就是預先設定好的各種互動，包含事先安排和未安排的，常見的事先安排互動可能包括：

- 清楚的培訓過程
- 在各銷售團隊之間的協同遞次分工
- 每月報告現況會議
- 執行業務審查（executive business reviews，縮寫 EBRs；雙年度或季度）
- 現場訪視（可能很頻繁或者一年一次）
- 經常性健康檢查
- 即將推出的更新（如果是訂閱經濟模式）

未事先安排的互動通常會以數據資料而定，並且由賣家主動聯絡客戶，目的是要降低已察覺到的風險。

- 多次執行中斷
- 致電客戶支援／客戶服務次數過多
- 使用產品頻率下降
- 費用遲繳超過 X 日

關於未事先安排的互動中，你會注意到這些互動或許會迫使賣家要採取行動，無論他們是以高接觸模式或科技接觸模式來運作。你可以想像，如果在網飛有某個過去活躍的客戶突然六十天都沒看電影了，公司一定警報大作，他們或許不會馬上打電話給客戶，但很可能會開始發送電子郵件廣告或者發出某種自動提醒。

在高接觸模式下，這些互動無論是透過電話或者面對面討論，可能都是

針對個人，關鍵性的挑戰在於讓與客戶接觸的經驗更有價值，這樣才能從連帶的成本中創造出最大的收益，因為連帶成本中主要是人力成本，而這些人力通常相對都比較昂貴，如果跟你做生意的客戶每年要付給你幾十萬美元（以上），這樣的花費是合理的成本，不過還是要將這份成本最佳化，才能為客戶及賣家帶來最大的商業利益。

對賣家來說，這顯然是重要的經商過程，因為高接觸模式通常只會用在你最寶貴的客戶上，若是這些客戶有所損失，不只在金錢上會有大麻煩，在許多其他方面也會造成災難。在高接觸模式上應用昂貴的資源通常都有一個非常簡單的目標留存率：100％，只要低於這個數字都很有可能是重大失敗。接受高接觸模式待遇的客戶通常也是那些很有機會拓展合作關係的人，回想一下假設性的 DIRECTV 和萬豪酒店的合作關係，萬豪酒店會繼續蓋新旅館或買下新旅館的機率有多高？可能非常高，對吧？只要 DIRECTV 讓萬豪開心，每個新房間都能讓他們多賺錢。這不只是為了達到超過百分百客戶留存率的長期奮戰，更可期望能逐漸增加這段合作關係的金錢價值。

很簡單就能知道高接觸客戶成功學如何套用到非科技及 B2C 公司上，就像運用在 B2B 的 SaaS 公司一樣。在 DIRECTV ／萬豪酒店的例子中，DIRECTV 主要是 B2C 公司，但顯然有一群客戶會迫使他們必須以 B2B 賣家的模式運作，而萬豪也不會是唯一符合目標的客戶，任何連鎖經營的運動酒吧，例如水牛城狂野雞翅（Buffalo Wild Wings），如果想要在每一家分店的三十五面大螢幕上播放每一場能夠轉播的運動賽事，從合作立場看來都會很像萬豪酒店。也不會只有 DIRECTV 要面對這樣的挑戰（或機會），有許多公司，或許是大部分公司，都不會完全只屬於這種或那種模式。Dropbox 這家公司也是在一開始單純只以 B2C 模式運作，不過他們一發現有許多使用應用程式的客戶都在同一家公司工作時，便開始思考 B2B 及企業模式，如今成為了服務公司及客戶的賣家。

　　要講到還算了解高接觸客戶成功學的非科技公司，那就是提供家庭教育協助的明亮地平線公司（Bright Horizons），如果你有小孩又為大公司工作，或許就知道這家公司，如果某家大公司想要將嬰孩托育納入員工福利方案的一部分，明亮地平線就能提供服務。你可以想像得到，與大老闆的這些合約對明亮地平線相當重要，因此他們有個團隊負責管理這些合作關係，希望能達成高度客戶留存率並增加合作關係的金錢價值，而增長就來自於向上銷售明亮地平線能夠提供的其他功能，例如備用托育、教育服務，甚至銀髮照護。你會發現，因為 Workday 和明亮地平線都屬於訂閱經濟模式，所以這兩者都為客戶提供高接觸客戶成功學，而且目標一致：

- **產品採用**：Workday 希望客戶能使用他們的軟體並從中得到真正的價值；明亮地平線希望自己客戶的雇主能夠使用他們的服務，讓員工的生活更好。
- **客戶滿意**：最棒的推薦在每種生意都好用，要讓人知道某種產品或服務真的有用，沒有什麼比得上好口碑更容易把話傳出去，也沒有什麼比客戶的見證更能夠助長你的銷售過程。
- **向上銷售**：成功而快樂的客戶會跟你買更多東西，事情的運作就是如此。如果你能提供更多產品和服務，你的最佳客戶就是你最有可能的買家，而對他們的銷售成本會小很多。
- **客戶留存率**：這一直都是客戶成功學的核心，要帶動忠誠度，不只是為了要求忠誠以及那種溫暖窩心的感覺，而是因為這是你經營經常性收入公司的法則。

　　就許多方面來說，高接觸模式是最容易雇用人手、派遣任務並執行的做法，無論是人或公司都一直在做高接觸的客戶管理，所以並不難找到擁有適

合的客戶應對技巧及頭腦的人，能夠找到辦法知道如何為客戶帶來成功，主要就是一份具有商業頭腦的升級版公關工作，但可別以為科技在這裡毫無用處，當然有用，只是在高接觸模式中，科技主要是用來溝通、協作和管理，而不是要自動化或最佳化接觸的對象和時間。我們在後面的章節中會更詳細討論科技。

低接觸。你可以想像得到，低接觸客戶成功學模式就是混合了高接觸和科技接觸模式，結合了兩者的特色。低接觸模式適用於那些**無法歸類**的客戶，他們不是那麼大又不是那麼具優勢，足以獲得高接觸客戶的那種尊榮級待遇，不過他們很重要，所以你會願意跟他們進行某種層面上的一對一接觸。就像其他三階層模型一樣，中間層難免就是會曖昧不明，跟上層或下層之間的界線都不甚清楚，不過還是一定要區分出價值最低的高接觸客戶以及價值最高的低接觸客戶，不管那條線會有多細，而跟下層之間也是類似的情況。

許多 B2C 公司都必須是單純的科技接觸公司，如果你不屬於此類，那麼幾乎可以肯定你會有一層客戶群是準確定義為低接觸，要理解管理這類客戶的模式，可以將之視為及時客戶成功學（just-in-time customer success）。

我是從製造業借用了「及時」（just-in-time，縮寫 JIT）一詞，通常這是用來指稱豐田生產方式（Toyota Production System，縮寫 TPS），因為在 1960 年代是由豐田汽車製造廠首開先河。在早期進行大量生產製造時，需要建置巨大的倉庫來存放生產線所需要的零件、原料庫存，才能生產已經賣出或打算要賣出的產品，這些倉庫和大量庫存是生產過程中最為昂貴的部分。聰明的生意人集結起來想要透過改善訂購和運輸系統以節省金錢，讓公司能夠盡量在接近實際需要時再將原料運來，進而降低必須處理的庫存成本。在完美的系統中，生產線上的員工如果需要將某部件裝到自己正在組裝的車輛上，該部件會在她伸手去拿時正好送到工作站，剛剛從卡車卸下，完

全不需要停留而成為庫存。

　　針對低接觸客戶的客戶成功學運作方式也差不多，因此才會借用及時（JIT）一詞。JIT 客戶成功學的意思是在剛剛好的時間提供客戶剛剛好需要的東西，不會太早也不會太晚。這些客戶不算非常有價值，所以你不會為了他們保留庫存，而在這個例子中的庫存指的是大量指導、教育或協助，而這一切也會產生某種無價之物：善意。也就是說，JIT 也意指存量足矣。在高接觸模式中要存放大量庫存／善意，因為跟這些客戶之間會出現大量互動，所以值得多付出一點，或許可以做得比必須要做的還多，因為這些客戶非常重要；而在低接觸模式中，你無法負擔進行這麼多互動，所以你最後會只做到最低限度，但是在這個模式中，最低限度還是包含了適量的一對一接觸，而相對之下，科技接觸模式則完全抹去了一對一接觸。

　　不意外的是，低接觸模式開始整合進科技接觸的特色以補足一對一接觸，讓我們再來檢視一下我們為高接觸模式所定義的事先安排接觸：

- 清楚的培訓過程
- 在各銷售團隊之間的協同遞次分工
- 每月報告現況會議
- 執行業務審查（雙年度或季度）
- 現場訪視（可能很頻繁或者一年一次）
- 經常性健康檢查
- 即將推出的更新（如果是訂閱經濟模式）

在低接觸模式中，這些作為有很多或許還有相關，你可能會完全排除掉某些行動，例如現場訪視，而其他大部分行動的頻率也幾乎一定會改變。上述行動列表如果要改版為低接觸模式，或許看起來會像這樣：

- 清楚的套裝的培訓過程
- 在各銷售團隊之間的只在行銷和培訓團隊間協同遞次分工
- 每月報告現況會議
- 執行業務審查（雙年度或季度年度）
- 現場訪視（可能很頻繁或者一年一次）
- 經常性**自動化**健康檢查
- 即將推出的自動更新（如果是訂閱經濟模式）

　　未事先安排的接觸也是類似的狀況，可以仔細調整將開銷降到最低，以這個例子來說，或許只要提高接受服務的資格門檻（或者是降低，看你從哪個角度而定）。例如，如果某客戶在三十天內提出超過十次支援／服務需求就屬於高接觸客戶，或許對低接觸客戶就是二十次，而且你會發現在事先安排的接觸上，科技所占的分量會越來越重，或許前三次因費用遲繳而發出的接觸都是透過電子郵件，然後前兩次一對一接觸會是由資歷較淺的財務人員負責，而不是讓薪水較高的 CSM 來做。

　　顯然各階層和相關的接觸模式都是為了讓你的公司更具獲利潛力，或者至少能生存下去。在一家著重客戶成功學的健全公司中，各階層和接觸模式都有清楚界定，並能估算出所需的員工總數。如果我們回頭檢視高接觸模式，很容易就能估計出一名 CSM 要花多少時間來準備並執行每一項任務，而未能事先安排的任務出現頻率又有多高，再考慮到 CSM 要花一部分工時來參加內部會議或者進行跟面對客戶無關的活動，應該可以計算出 CSM 每年／月／週要花多少時間應付客戶，然後就能算出一名 CSM 能夠處理多少客戶，完成啦！這就是你的員工總數模型。

　　這裡提出兩點小建議。（1）你用這個方法的第一次計算結果非常有可能顯示出，你所需要的員工遠遠超過財務長或執行長所允許你雇用的數量，

但是至少你會有一套能夠據以調整的模型，也可以進行妥善討論與溝通，看看有哪些工作可以排除或者自動化以減少人力需求。（2）你會發現要決定 CSM 比例的最好方法並不是以客戶數量來決定，而是以合約價值（年度經常性收入，ARR）決定。客戶並非一概平等，也就是說，一位每年付出 200 萬美元的客戶跟一位每年付出 2 萬美元的客戶並不相同，不過相對而言，要管理 100 位 2 萬美元的客戶也比管理一位 200 萬美元的客戶困難多了，所以要謹記這點。

低接觸模式也和高接觸模式一樣，完全可以應用在許多非科技類及 B2C 公司上，例如有些 B2C 公司的目標市場小得驚人，所以他們的客戶基礎也就相對很小，這讓我們可以把剛剛討論過的低接觸技巧應用在這些情境中。就算公司主要是 B2C 模式，科技接觸也未必是唯一的選項。

這類公司的其中一個例子是尼普洛診斷（Nipro Diagnostics），他們的眾多產品中有一項是讓糖尿病患者可以在家使用的自我監測血糖計，消費者購買血糖計後，就要定期回購補充的測試片，血糖計會將結果透過藍芽訊號發送到手機上，然後使用者的保健醫師就可以共享這份資訊。運用科技來進行居家健康照護雖然才剛起步，但儼然已經是全球趨勢，不過這個故事的重點是血糖計和附帶的測試片，產品可以直接送到你家，基本上就是居家健康照護版本的刮鬍刀和刀片，使用者必須定期補充測試片，可以說就像是 Dollar Shave Club 的訂閱模式。而因為客戶基礎相對較小，客戶成功模式就可以結合低接觸和科技接觸，低接觸是透過保健醫師（通路夥伴）來進行，他們會幫助客戶了解如何有效使用產品，而且持續使用對客戶的整體健康及心境安定都有極大好處；科技接觸則是直接透過裝置完成，幾乎能夠立即將每次檢測的結果發送給使用者。有效的客戶成功學是這類商業模式的基本要素，包括是否有可能在客戶隔了很長一段時間都未續購測試片時介入。尼普洛診斷或許不知道矽谷有了新的秘密醬汁，也就是客戶成功學，不過他們的商業模

式也需要能夠有效管理客戶，確保尼普洛能夠做到他們對產品的承諾，他們怎麼稱呼並不重要，玫瑰不喚玫瑰，味道依然芳香。

科技接觸。這個模式或許是最為複雜而有趣的，你要如何在不必直接和客戶對話的情況下及時並適切執行客戶成功學？因為 SaaS 模式降低了顧客進場的門檻，也降低了賣家的行銷成本，進而拓展了各領域的市場，而且通常相當明顯，如此到頭來幾乎都會造成由低價值客戶組成的分布長尾。就個別來看，這些客戶並不具有太高的策略性或金融價值，不過整體來看卻經常在賣家的財務結算中占有重要地位。對長尾來說，科技接觸客戶成功學是必要的，而對多數 B2C 公司來說，這不只是必要，而是唯一的選擇。

科技接觸簡單來說就是指一切與客戶的接觸都是透過科技為主的方法，另一種解釋可以說所有接觸都必須是一對多的模式。一對一接觸實在太過昂貴，而且顯然並不足以處理我們所討論的如此大量客戶。通常在討論科技接觸時會聚焦在電子郵件，雖然電子郵件在客戶成功學軍火庫中對科技接觸客戶是非常有用的工具，卻不是唯一的工具，還有其他一對多的管道，例如：

- 網路研討會
- 數位廣播節目
- 社群（能夠交流想法並透過虛擬管道跟其他客戶交談的線上通道）
- 使用者團體
- 客戶高峰會

不管是什麼工具，只要是讓你能夠一次與一位以上的客戶互動，或者能夠將這些互動轉移到另一個源頭（社群），都是執行大規模客戶成功學的選項。既然電子郵件應該可以說是最為強大的工具，又能夠提供非常及時、高度相關而資訊豐富的協助，我們就在此深入些探討。電子郵件行銷也是眾所

周知的原則，其背後的科技在過去十年間經過仔細檢視也強化了。

有目標性的電子郵件行銷在過去十幾年來有如一場風暴席捲全球，Eloqua、Marketo 和 HubSpot 這三家行銷自動化軟體供應商大獲成功，甚至都能進行 IPO，而另外兩家軟體供應商 Responsys 和 Exact Target 主要是針對 B2C 市場，同樣也成功進行 IPO，而這幾家公司市值都曾一度超過 10 億美元，在在都證明了這塊市場確實是挺**有料**的。目標性電子郵件行銷的核心概念非常簡單，根據對未來展望的人口及行為知識而創造出高明的電子郵件廣告，引導收件者去消費購買，這些廣告因具有複雜的分支延展邏輯和多管道情報而變得十分精密複雜，但是目標一致對準了漏斗頂部，也就是要獲得客戶，不過時代可是不停在變。

如今，目標性電子郵件行銷已經轉變成客戶成功，而且將相同的概念套用在客戶（而非未來展望）身上，在他們做為客戶的這一路上給予協助，並引導他們運用你的產品而獲得成功。在核心本質上依然是需求產生，但稍有變化，對現有客戶來說是要創造出他們對已經擁有的產品的需求，記得我們對客戶成功學的另一種說法就是**建立忠誠度**，對客戶發送電子郵件的宣傳目的不只是要讓客戶買得更多，當然你偶爾也會為了這個目的而針對客戶行銷，不過重點是要強化他們已經購買的消費經驗，或者幫助他們更有效使用產品，這樣他們才會保持忠誠，可能會延展合約或者選擇不退出。而使用電子郵件真正的力量在於只要基礎建設已經建置完成，發送電子郵件基本上免費而且相當具有擴散力，對於擁有廣大客戶群的公司來說，這樣的能力可說是救了他們一條命，畢竟雖然他們還有其他一對多的管道可以使用，但電子郵件是最有效的。讓我們更深入討論為什麼是這樣。

有效的電子郵件必須是及時、有相關並包含有用的資訊，就像是先前提過的為了未來展望而做的行銷自動化情境，可以取得相當多關於客戶的資訊，用來創造非常有效的電子郵件，其實要說到可取得的資料，跟客戶相關

的資料會比跟展望相關的多更多。這裡列出了一部分你或許能夠從公司裡所獲得的客戶資料：

- 原始合約日期
- 做為客戶有多長時間
- 產業
- 地理資訊
- 聯絡方式
- 合約價值
- 合約成長率
- 客戶支援電話次數
- 每次支援案件嚴重程度
- 支援案件開放天數
- 商業發票遞送次數
- 商業發票付款次數
- 付款延遲次數
- 付款平均時間
- 客戶滿意度分數及趨勢
- 客戶健康分數及趨勢
- 如果你是訂閱模式的 SaaS 公司：
    - 合約延展日期
    - 在你產品中的每次點擊執行

這份列表還可以列得更長，不過意思到了就好。你有許多關於客戶的資料，讓你能運用深度學習的智慧來判斷何時該聯絡他們、該提供什麼訊息，

這樣的接觸就可以透過電子郵件而大量執行。

我們來看看特定的情境。比方說你是一家 SaaS 公司，幾個月前剛推出一項新的回報功能，這是你許多客戶一直殷殷企盼的新功能，有些還等了六個月以上。因為這樣的功能可讓你的產品更具黏著度，所以對你來說最有利的狀況就是確保所有客戶都會使用。現在只要有適當科技的協助，你可以辨認出每位客戶是高權限使用者或管理員身分，看看誰還沒有碰過這項新功能，然後寄出以下這封電子郵件：

親愛的喬：

再次感謝您從 2012 年 7 月以來便是本公司的忠實客戶，我們很高興您能加入這個大家庭。我們注意到您回覆上一次淨推薦分數（NPS）意見調查時，給我們的回報功能打了六分（滿分十分），再次感謝您的回覆與建議，很高興告訴您，我們最近推出了大大強化過的回報功能，而您似乎尚未嘗試過，此功能可以讓您輕鬆在單一回報中結合 X 和 Y，而且可以輕鬆運用這份資訊創造新的工作面板。到目前為止，使用過的客戶都讚不絕口，Acme Manufacturing 公司就是這麼說的。假如你錯過了這項功能的說明，可以觀賞隨選隨看的教學影片，了解如何開啟並使用這項功能，請參見這裡和這裡。請試試看並透過第二段影片最後跳出的表單提供回饋，在看完第二段影片後，我們就會將您納入客戶挑戰賽，有機會能夠贏得明年高峰會的門票。

祝您回報愉快！您應該會覺得這項功能特別有用。

敬祝安好。

客戶成功團隊敬上

你說說看，這樣的電子郵件是不是非常有效，正好符合你的目的，能夠為客戶創造價值。而同樣這一封電子郵件只要換掉個人資料，就可以同時寄給 20 名或 1,000 名不同的客戶，成本都一樣：零元。即使你是以低接觸客戶成功模式運作，可以負擔得起幾次一對一接觸，這麼做或許能幫你省去 15 通電話、跟客戶討論 30 分鐘的麻煩。如果你的運作完全屬於科技接觸模式，那麼你的客戶很有可能這麼多年來都沒什麼人跟他們接觸，而這是一次機會可以真正讓他們留下深刻印象並創造價值。如果你是一家老牌的 B2C 公司或大規模的 B2B 公司，你很有可能已經在做某種有目的性的忠誠度行銷，可能會包裝成客戶行銷或者是產品使用者體驗的一部分：推薦系統不過就是另一種形式的客戶成功學。不管是哪種狀況，針對現有客戶建立忠誠度的需求越來越明顯，或許你已經有某種處理方法，但是可能並不如你所需求的那般清楚定義或執行。現在的世界絕對是客戶為上，我們只是在其中生活，而客戶成功學就是一份覺察並讓你接納這樣的現實。如果你還沒著手進行，或許現在就該成立一個組織來彙集這些想法，或至少要有一份共同的倡議。現在發展漸趨成熟的 SaaS 公司中有一股潮流，假如客戶行銷還沒納入客戶成功學的管轄，至少也是越來越接近。

顯然，科技接觸客戶成功學模式幾乎在各類商業公司中的應用程度都相當高，即使你嚴格遵行高接觸模式，CSM 還是有些工作可以自動化，讓他們更有時間去做策略型工作。最重要的是，科技接觸模式可以讓任何一家公司立即就開始進行客戶成功學，就算你沒有 CSM 或者不稱之為客戶成功學也沒關係。我們剛剛舉的例子是以電子郵件來說明，不過我稍早前講過聯合航空的例子則是用手機簡訊，若是運用得當應該是能夠更有效率。如果你客戶會喜歡的話，偶爾也可以使用能夠大量發送的數位化語音訊息。

底線很簡單，你能夠為你的大量客戶進行有效而十分相關的客戶成功學，科技讓我們能夠做到這點，而且越來越多公司都開始運用這項優勢。

　　我希望我們已經充分說明了，不管你經營哪一門生意，客戶成功學都和你非常有關係，無論你是 B2B 的 SaaS 公司、B2C 的 SaaS、不是 SaaS 但卻以訂閱模式為基礎、尚未以訂閱模式為基礎不過正朝這個方向努力，又或者是按次計費的模式，都會直接需要客戶成功學，也許你擁有十名合約價值 5,000 萬美元的客戶，或者你擁有五千萬名合約價值 10 美元的客戶，都確實同樣需要。就某方面來說，或許你已經在做客戶成功學了，只是你可能稱之為客戶體驗、客戶管理或客戶行銷，組織叫什麼名稱其實並不重要，重要的是其任務及目標，而如果目標是要促進客戶留存率或者提升現有客戶的合約價值，透過客戶成功學的眼光來檢視這些目標，也變得十分重要，而且就像能夠改變經營模式的任何新想法，科技也正迅速參與了這段過程。

第 2 部

訂閱經濟實戰指南——
客戶成功學的
10個法則

第 4 章

客戶成功學實踐

　　在這本書的第一部分，我們說明了客戶成功學的基礎，討論過訂閱經濟和 SaaS 的發展歷史，以及客戶成功學的概念如何成為這套新模式不可避免的結果。我們討論過根據客戶成功哲學來組織工作團體，然後也講述過客戶成功組織（或類似組織）的實務運作，以及這個概念如何影響到幾乎是其他所有重要組織，進而改變整家企業。接下來，我們破除了客戶成功學可能只跟 B2B 的 SaaS 公司有關這套理論，事實是這樣的概念跟每一家公司都有相關，而且不只是 B2B 的 SaaS 公司才能付諸實行，其他訂閱模式為基礎或者按次計費模式的公司，包括 B2C 公司甚至連傳統經營模式的公司，都能嘗到以客戶成功學為核心所能帶來的好處，而且很有可能會嘗試至少將部分業務轉為訂閱模式。

　　現在我們該討論非常實際的問題了。在 2010 年，貝斯墨創投夥伴這家創業投資公司整理出一本實務指南，提供給正要開始、經營或者有興趣了解 SaaS 公司的人參考，這本指南叫作《雲端運算的 10 個法則》（*The Ten Laws of Cloud Computing*），經常也被稱為 SaaS 的十個法則，這本指南廣受好評，而想要投入 SaaS 這個美好世界的幾千名執行長和企業家都讀過，成為那個時空下的指導手冊，至今依然是參考用書。2015 年，貝斯墨決定乘勝追擊，再彙整一本《客戶成功學的 10 個法則》（*The Ten Laws of Customer Success*），讓想要理解並執行客戶成功學的人有類似的指南可循。這本書的

這一部分就是運用這樣的先見之明，由十位不同的專家撰寫，再加上本書作者的補充評論而完成。

《客戶成功學的 10 個法則》並不是一本實用指南，會教你如何進行客戶成功學這件事，而是從稍微高一點的角度來討論、提供準則，如果一家**公司**努力想成為世界級的經常性收入企業，就會需要從相當高的層級就開始接納並執行這些任務。有些**法則**主要是應用在 B2B 的 SaaS 公司，不過大部分都可以更廣泛應用於我們在第三章討論過的各種類型公司，我們在各章節（每一章說明一條法則）的一開始就會說明，該條法則跟我們先前討論過各個不同類型的公司有何相關：

- B2B 的 SaaS
- 訂閱模式
- 按次付費
- B2C
- 傳統

這樣一來，如果該條法則跟你的世界比較不相關，你可以快速瀏覽就好，而若是特別能夠套用在你的世界裡，便能慢下來好好閱讀吸收。

十個法則的各個作者都是特別挑選出來，他們都具備客戶成功學的專業，而商業領域背景各有千秋，包括：

- SaaS，B2B 和 B2C 都有
- 就地部署的傳統軟體
- 金融
- 教育與訓練

- 協作
- 專案管理
- 銷售支持
- 客戶成功管理
- 薪酬管理

　　我個人在此要感謝這十位作者為這門產業和客戶成功學實務的貢獻，他們的成就遠超過這本書，也特別感謝他們參與這本書的寫作。

　　最後再提醒一次：《客戶成功學的 10 個法則》要回答的問題是，我的公司必須做什麼才能達成最好的客戶成功學並建立起生意蓬勃的經常性收入企業？廢話不多說，讓我們開始介紹十個法則。

第 5 章

法則1：訂閱模式要成功，要賣給對的客戶

作者

泰德‧普賽爾（Ted Purcell），Clarizen 銷售暨客戶成功資深副理

相關性

	低	中	高
B2B 的 SaaS	★	★	★
訂閱模式	★	★	★
按次付費	★	★	★
B2C	★	★	
傳統	★	★	★

執行摘要

　　把產品賣給對的客戶以及要完全與你的產品市場媒合度（product market fit，縮寫 PMF）保持一致，是成長中的公司整體上下都必須專心致志的任務。能夠談成一筆全新交易的那種興奮感，尤其是牽涉到常見又知名的品牌，每個人都會為此興奮不已，而若是這些品牌正好落在你的 PMF 範圍，那就更是令人振奮了，因為這樣一來收益機器就有了運作的動力，而從銷售前移交到銷售後的特殊過程也能模板化並加以延伸，有助於確保公司的拓展並減少客戶流失。

> 　　但要是你的客戶並不是對的客戶，就可能對你的公司造成災難性影響。不對的客戶會讓你的組織裹足不前，讓你不想努力促進更多成功、更高效率和更大規模。另一方面，或許也可以這樣來看，因為這些客戶可能會成為你重要的設計夥伴，他們能夠幫助你拓展用例和 PMF，關鍵的重點在哪？他們是否符合所謂對的客戶對你公司的意義！

　　客戶就是一家公司的北極星，也是最有價值的資產。如果一家公司想要逐步完成抱負及期望，CSM 就必須要主導負責完整的客戶歷程，無論是在公司內外皆然，也就是成為最受信任的指導者。最後的結果或許能夠讓公司持續成長並減少客戶流失，不過若是跟能夠達到目標的那些細節比較起來，只是錦上添花罷了。

　　公司收益不只擲地有聲，還會敲鑼打鼓，也就是說你的 PMF 會尖聲高喊！你的 PMF 必須推動整家企業目標一致，從產品開發、營運一直到進入市場漏斗（go-to-market funnel）。隨著你有所成長，客戶或許會開始拿出恰好建立在 PMF 基礎之上的用例，若非如此，他們可能會讓你的公司陷入混亂。一家公司必須致力理解客戶在與你來往的週期中而浮上檯面的資料，並且自問這位客戶是不是對的人，這點至關重要，對的客戶能夠磨練公司的視野、內在，以及你對員工、合作夥伴與客戶的培訓，他們能幫助公司找到最佳的方向；而錯的客戶，即使是那些帶著絕佳品牌而來的、那些承諾一開始就可能讓你賺到大筆收益的，或者那些能為你背書的，卻可能帶走你寶貴的資源和品牌影響力，結果讓公司落入極度危險的老鼠洞裡。

　　訂閱模式之下，一家 SaaS 成長中公司要將效率調整到最大值，就必須面對這個問題：這位客戶對我們是不是對的客戶？

　　在你努力將 SaaS 的收益機器調整到最佳狀態時，公司各個層面的目標校準一致能夠讓效率作為更為聚焦、更為特定、更有能力。雖然產品團隊

必須把重點放在達成 PMF，還是需要注意客戶的需求以及市場不斷進化的現實，並有所回應。如果公司校準不夠強，就可能損害公司執行工作及拓展的焦點及能力，也就是無法在對的客戶開始大量、快速出現時為他們服務，並最終達成任務。對的客戶可能有助於讓公司的 PMF 及創新目標更為成熟、更為準確，而錯的客戶並不符合你的目標市場與核心 PMF，可能就會從各個方面限制住你公司進入市場的行動。關鍵就在於建立溝通機制以及能夠早期發現風險的工作流程，從銷售前、銷售以及在服務範疇／工作說明書（statement of work，縮寫 SOW）的程序建構，都是反饋迴路中重要的一環，能夠一起揭露風險所在，而最後可以改變客戶的方向或者因為特殊目的而停止銷售流程。為了能有效發揮，你的銷售團隊必須要對客戶的狀況有清楚而完整的了解，而不僅僅是知道簡單的產品特色與功能，你的銷售團隊必須理解你所認知到的商業價值，以及這份價值會影響到誰、如何影響，又為何會影響到客戶。

行銷、銷售和客戶成功，完全和產品的設計目標一致，就能形成一股強大的動能，足以應付在客戶群不斷成長而成熟後接踵而來的各種要求和請託，而這一切有賴銷售和客戶成功團隊在管理成長和推動拓展的時候，能夠跟現有客戶的回饋保持一致，才能維持與目標市場和 PMF 的契合。要這麼做需要有堅定的領導能力並全心全意去理解，認知到對的客戶能夠讓我們更能回應目標市場的需求，有助於將資源投注在正確的努力方向，不只能夠讓你的客戶成功，也能讓你的員工更成功。

如何定義對的客戶？

是否有符合你現有產品的特定用例或業務線、特定的產業垂直或者客戶群的特定大小？是否根據各類數據資料而來，包括分析你的現有客戶群、當下有效的方法，或者分析各種不同的市場範圍大小，那是你目前未涉入的市

場，並決定要針對哪一塊市場，還有可能決定哪些客戶不必優先處理或者可以完全捨棄？到頭來，這些因素都占了一點成分，但是執行長必須與 PMF 維持一致並全心投入，包括對的目標客戶資料。

只要你已經定義出理想客戶或理想客戶劃分的樣貌，就必須將進入市場的引擎運作導向符合這個樣貌的方向。從營運上來說，一切的開始就是將產品賣給對的客戶，也就是從收益漏斗的最頂端開始，必須針對對的那一類客戶做行銷，銷售員也必須很快剔除那些不是非常適合的客戶，跳脫典型的方法和重要的資格篩選步驟，例如預算、期限以及執行協助。

客戶流失這件事只是冰山的頂層，若是與你無法使之成功的客戶合作，代價可能非常重大。首先，你帶進了這些客戶就製造了客戶獲取成本（customer acquisition cost，縮寫 CAC），但是最大的成本則是將資源用在錯的客戶身上而造成的機會成本，然後在這些客戶出現困難時不免又要加倍付出，這些資源原本可以用來幫助其他客戶，他們更有機會能夠製造出更高的客戶終身價值（LTV）。

對的內容能夠讓你的訊息和品牌更有力量，而這樣的內容需要放在對的情境下，在對的時間放在對的人面前。在漏斗的每個階段都必須評估客戶資料，並且一心一意為客戶互動提供可供諮詢並受到信任的顧問方式，即使是為了避免客戶走錯路而造成複雜的狀況、付出代價，而最終脫離正軌。這樣的方法需要投入資源，包括持續發送訊息給你的團隊，才能建立並確保這樣的投入。

有時候或許會出現對的目標客戶卻不符合對的內部客戶校準，結果讓他們有可能變成錯的客戶，這裡的關鍵是銷售業務和客戶支援的運作不受污染。讓人意外的是，有些客戶可能在一開始從客戶資料看來並不是對的人，結果卻成為我們的模範客戶。在一家公司裡建立起執行協助並盡量往更高、更廣處發展，不僅能夠將你的產品放在對的情境中，還能充分展現出客戶成

功學傾向的文化如何帶動成功的客戶參與循環，如此有助於你建立起符合客戶的步調，也能維持品牌做為**值得信賴的顧問**形象，最後讓你可以認清，接受內部客戶的情境是否能幫你找出對的客戶資料。

如果公司處於擴張模式，就必須經常針對**對的客戶承諾**溝通並發送訊息，而且要不斷一再確認，這樣的校準能透過行銷和需求產生等付出來帶動漏斗頂端的活動：帶動銷售、培訓／專業服務、客戶成功，然後再回到產品本身，建立起你的可推薦性，最後則能夠減少客戶流失並產生更好的擴張結果。

確保銷售和客戶不受污染也很重要，而這樣的過程能產生資料，就能據此做出決策以帶來對的結果。在理想世界中，一家公司只會把東西賣給理想的客戶，但是我們知道成長中的公司必須面對推動收益成長的龐大壓力，有鑑於此，可能需要延伸所謂理想客戶的定義才能得到更漂亮的成長數字，這樣的話還必須準備一套可擴展的機制來獲取客戶資料，如此一來你就能追蹤並評估理想的客戶，這套機制包括幾項重要的標準，例如資源分配、CAC 比例、淨留存率，以及客戶 LTV。像是 Salesforce、Marketo、Gainsight 和 Clarizen 這些不同的 SaaS 工具，都能夠借助這些系統的開放應用程式介面（application programming interface，縮寫 API）架構，以連結成無縫資料流，所以有可能在進入市場循環的早期就抓到客戶契合的評量標準，並在整段收益漏斗中追蹤這些資料。

你或許也會想要建立一段特殊流程，用來定義何者不是那麼理想的客戶類型，例如說你會選擇不同的商業需求，比方是需要某種類型的客戶去購買特定的服務方案，你可能會選擇在關鍵的風險時機點上投入更高接觸的過程，像是在剛剛採用的階段進行更深入的 CSM 來往，盡量在早期就敉平風險，讓客戶能步上軌道。或者，你可能會選擇透過低接觸或一對多的方式來降低投入的資源，像是網路研討會和自助式的網路資源，將有限的資源集中

在 LTV 更高的客戶上。

優先要務就是一套可擴展的系統，能夠收集客戶流失的原因並經常分析這些資料，讓產品及客戶團隊分析、拆解各個客戶類型的資料，了解有哪些客戶的流失是因為採用產品有困難、哪些客戶流失是因為產品與客戶的需求並不符合或者有落差，而哪些客戶流失的因素又是很難影響的，例如公司合併、收購、重組和破產等。

另外很重要的是分析你整間公司的激勵制度，並決定要如何調整才能加強專注在對的客戶類型上這個需求。顯然，你就是要激勵客戶成功領導方向以減少客戶流失並與銷售業務合作來加速公司拓展，那麼你是否有激勵銷售主管要減少客戶流失，進而激勵他們不要賣給錯的客戶？那麼你的產品團隊領導以及激勵客戶留存的方法呢？訂閱模式之下，我們已經充分說明了，客戶 LTV 以及將客戶流失降到最低，就是評估所有 SaaS 公司成功與價值的幾個重要關鍵績效指標（key performance indicators，縮寫 KPIs），那麼所有有能耐的領導者在激勵手段中不就應該都納入這些變項嗎？

另一個要考量的因素是組織架構，以及其是否符合校準，能夠讓公司專注在銷售給對的客戶上。你的銷售和客戶成功團隊是否要向收益長（chief revenue officer）報告？收益長能全盤掌握新進與舊有的交易狀況，有助於做出正確決策，決定要針對哪些客戶、該捨棄哪些客戶。如果銷售和客戶成功團隊是分別獨立的穀倉，那麼你是否賦予客戶成功主管否決不適當交易的權力？

一家高成長的 SaaS 公司如果想要改進產品並強化 PMF，那麼銷售和客戶成功團隊的意見回饋就非常重要。如果你選擇要延伸觸角到核心市場之外，面對非理想的客戶或者類似的客戶類型，這就是關鍵，而這也同樣關係到因應新功能的要求而必須收集的客戶類型資料。若是沒有這樣的任務，你的產品團隊要評估並決定該如何優先運用產品發展的資源時，就會做出錯誤

決策。同樣重要的還有擬定工作流程及資料流，能夠隨著公司成長而拓展，至於要校準何為優先會變得越來越難，因為溝通是一大挑戰。

當然，隨著公司擴展，你的目標和策略也會演進、成熟，而且目標客戶的樣貌亦然，好為組織及公司設立典範。口碑對公司來說就是一切，而能夠在以價值為導向的情境中建立起對的內容，就應該能推動對的行為，不只是能夠獲取更多客戶，還能為你的自己人設立目標，特別是在你雇用、帶進更多新員工的時候。

對的客戶歷程加上對的PMF，以及組織由上而下的優先性校準，再以你的員工、合作夥伴和客戶共同而透明的目標來推動，就能將雜音降到最低，讓整個客戶參與循環都能非常順利運作，而且最終還能幫助你專心賣給對的客戶。

補充評論

雲端軟體公司Host Analytics的執行長戴夫·凱洛格（Dave Kellogg）最近跟我說：「所有流失的客戶有90%都發生在銷售的時候。」也就是說，至少在他的公司裡，幾乎所有流失的發生都是因為他們把產品賣給了錯的客戶。這一點大概在各行各業中或多或少都有道理，而且賣給錯誤客戶的實際成本相當巨大。不對的客戶總是很難對產品上手，浪費你團隊的時間和能力，通常也會造成你的產品團隊必須付出更多心力，然後等到培訓專案完成後，這份負擔又會落到客戶成功及支援團隊上，難度又更高了，因為你的客戶成功團隊得為客戶打亂一切程序，重新組合並執行跳脫常規的用例，然後訓練客戶使用的方法，這時鬧鐘響了，提醒你距離合約結束還有九十天，而面對有風險的客戶就必須組織起一支特種部隊來「拯救」客戶，部隊中通常會有一、兩名主管級人員。在這個情況下，大約有一半的機會能夠確保合約延展，而且通常因為客戶有使用困難，所以只能降低價格、退還部分款項，

或者讓客戶多幾個月免費試用。這一切作為就像踢了罐子一路滾下去，但是在新的合約條款中依然沒有解決客戶的困難。對於另外一半在此時退出的客戶，失去了收益是很痛苦，但是在這個客戶身上所投入的時間與心力等機會成本，到頭來客戶還是失敗了，這更讓人心痛。想想看，如果這些時間與精力能夠轉而投注在有機會成長而強盛的好客戶身上，該有多好。最後一個負面後果可能是最嚴重的：從這個失敗的客戶可能會傳遞出的口碑名聲，儘管大部分的問題其實是出在客戶身上，但是他身邊的朋友和同事所聽到的故事可能就不是這樣了。

高接觸

　　未能把產品賣給對的客戶，這對高接觸商業模式的影響特別大。從定義上來看，高接觸客戶是你最有價值的客戶，這表示他們很有可能付出的金錢也最多，但是有危險的不只是錢的問題，而且銷售後的所有其他工作人員也都是為了能夠提供這些客戶更好的體驗、更有機會成功，代表在培訓、訓練、支援和客戶成功方面會增加 10% 或 20% 的負擔，跟低接觸或科技接觸模式比起來，就是一個更大數字的 10% 或 20%，這些客戶的品牌價值和品牌辨識度幾乎也都是比較高的，因此他們的負面評價所造成的損失會比其他沒那麼有名的客戶更慘痛。

低接觸

　　失去低接觸客戶不像失去高接觸客戶那麼痛，不過低接觸類型的客戶數量較多，因此若是不謹慎點努力賣給對的客戶，可能就會發現自己背上沉重的負擔。而且，因為他們是低接觸客戶，產生危機時，你就比較沒辦法適當處理或者找到資源來拯救客戶，這可能就跟高接觸客層所造成的成本一樣高，某方面來說可能損失會更大，因為這類型的客戶更多，整體來說，他們

認識的人更多，所以就算各個客戶的品牌價值是比較低，負面評價卻會比高接觸客戶傳出去的還多。

科技接觸

現在拿之前針對高接觸客戶所定義的問題為例，如果是針對低接觸客戶就要乘以十倍，因為數量有落差，然後再乘以十倍就是科技接觸客戶。每往下一層，你要留住單一客戶的機會就更加渺茫，想想看要留住一個其實不太適合你家產品的客戶，光靠寄電子郵件或者讓他們參與網路研討會真的不太可能，實在很難有什麼成果，對吧？

那麼，既然不要將產品賣給錯的客戶這麼重要，該如何降低這種可能性呢？

- 運用數據資料，而不只是故事。如果你要嚴格限定該把產品賣給誰，就必須以數據來判斷，不能只是說：「我覺得我們之前也有賣給像那樣的客戶，結果並不好。」必須要更像這樣：「我們之前的交易中，與這名客戶資料同樣產業、折扣、用例和中心價的有三十一筆，而其中有十四例在第一次合約延展時就退出了，另外四例則是在第二次延展時退出，有八例還不到延展時機。剩下五例有延展合約，但是平均合約價值下滑了 14%。而且，剩下十三名客戶對我們的平均 NPS 為 5.2 分，平均健康分數則是 38.7。」

- 在合約進行討論的過程中，讓你的客戶成功部門副理握有否決權。這麼做很大膽，還有點危險，不過行得通。這有點像是讓你的客戶支援團隊有權力否決要不要推出某項新產品或功能，你可以主張說他們之所以要有這份權力，因為他們得承擔這項決策的結果。如果客戶留存率真的是你公司的關鍵重點，那麼能夠影響客戶留存率的人就必須握

有多一點權力。

- 將你的客戶成功團隊交在銷售部門副理之下。我們在第三章的討論中並不建議這麼做，但是如果主要的問題在於業務一直把產品賣給不對的客戶，那麼就讓做出銷售決策的這位副理必須承受這些決策的後果，副理一定會改變自己的重點，因此我們才會找來一位同時負責客戶成功學的銷售主管來寫這個法則。如果你不把客戶成功部門放在銷售部門之下，公司執行長就得更用心介入平衡兩種需求，一是要把產品賣給更多新客戶，另一則是高客戶留存率，而如果你這麼做了，執行長就不必太過費心。

- 一定要用客戶留存率來激勵你的銷售業務副理（以及所有主管），而不只是新客戶。你的這種主張可以一直套用到個別業務員身上，不過他們通常不會去煩惱一年或更久以後的事情，所以或許不太能收到你想要的效果。但是，你的業務主管或許也會受到整體公司績效的影響，而如果他們留住客戶所受到的獎勵就跟獲取新客戶一樣好，你就會發現這麼做絕對會有影響。

- 仔細閱讀第十個法則。客戶成功學必須是由上而下的承諾，意思是執行長要以長期、為了客戶留存率的考量來帶動整間公司發展，而不只是一直談新交易來達成季度目標。最有可能的情況是，最後要不要拒絕某份合約會是他說了算，也一定是由他來適度激勵並加強正確的公司作為，尤其是他和董事會也只有在公司長期表現成功的情況下才能得到獎勵。

第 6 章

法則2：客戶和賣家自然而然會越離越遠

作者

凱倫·皮夏（Karen Pisha），軟體開發公司 Code42 客戶成功資深副理

相關性

	低	中	高
B2B 的 SaaS	★	★	★
訂閱模式	★	★	★
按次付費	★	★	★
B2C	★	★	★
傳統	★	★	★

執行摘要

　　客戶與賣家之間的關係，一開始就像兩條船在湖中央並肩而行，但是如果兩條船上都沒人，很快就會漸行漸遠，時間更長以後，非常有可能兩條船最後會距離非常遠。要如何改變這種自然而然的傾向？很簡單，讓某人帶著一對槳坐在其中一條船上，還有更好的辦法，讓兩條船上都坐著人，各自帶著槳。

　　在這個例子，變動就是敵人。如果一切都沒有改變，客戶和賣家大可以緊密並行，但是變動總是存在，人們在兩間公司中都會改變，商業模式會改變，產品會改變，領導能力及方向會改變，諸如此類。只有其中一間或兩間公司都採取主動而積極的互動方式，才能克服因不斷變動而帶來的自然漂移。因此，

> 客戶成功學團隊才會存在，客戶成功學團隊和行動的介入能夠推動客戶及賣家，讓兩者重又相聚，他們會跳進其中一條船上，然後開始划槳。

　　生意的長期健康與你是否能夠留住客戶、避免客戶流失有直接相關，沒有其他衡量標準要為更多會議或者更多無眠的夜負責。在訂閱模式的經常性收入商業中，你的大部分收益都隨著最初的銷售而來，其實在許多 SaaS 公司中，一位客戶的預期終身價值是最初銷售價值的十倍，而客戶流失就是會阻礙成長的因素，對公司的成長和評價都會有負面影響。同時，客戶流失對公司風氣也有糟糕的影響，大家都不喜歡失去客戶，但是在經常性收入商業中的代價更是嚴重。在前面的章節也提過，失去客戶合約的價值或許還不是最大的代價，而是為了獲取客戶、培訓、協助，以及經常努力挽救到頭來還是離開的客戶而要燒掉許多資源。隨著你的現有客戶群增長，客戶流失也會增加，要克服這項問題就會變得無比困難。

　　客戶流失可以這樣定義：在某段時間中，訂閱使用服務的客戶不再訂閱服務的人占了多少百分比。因為所有公司都投注了大量資源來獲取客戶，所以重點就在於確保能夠盡量長久留住客戶。最初的投資才有可能產生最大報酬，你的客戶留得越久，回報也就越大。

　　在訂閱模式的經常性收入商業中，理解**部分流失**（partial churn）的概念也非常有用，單純就是在客戶並未離開的情況下而損失合約價值。部分流失是來自於產品的流失、退還未使用的授權，或者客戶協商要求更低的折扣，因為他們在與你合作時遭遇困難，或者感覺自己所得到的價值比原先預期的低。

　　那麼，為什麼客戶會決定要與自己現有的賣家分道揚鑣，轉而尋找比較新鮮的對象呢？是什麼讓客戶決定離巢？客戶的流失是肇因於可預測的規律，或者是一連串無法預測而隨機的事件才造成的？我們花費了許多時間分

析這個問題，而各類研究與親身經歷也都告訴我們，這並非隨機造成。

　　如果你想讓自己的客戶不再轉向競爭者，就必須用你的產品或服務讓他們成功，這聽起來好像很簡單明瞭，要做起來可沒那麼容易。究竟訂閱模式下何謂成功的客戶，這定義有許多變化，也要依據許多因素才能決定。大多數公司都相信，成功的客戶是因為採用了產品、參與合作及使用產品的直接結果，同樣關鍵的是要確保客戶選擇你做為他們的賣家時，能夠得到他們所想要達到的商業利益。必須考量到的是，有時候最為成功的客戶看起來卻似乎不高興，若是客戶想要測試你的產品或公司的極限時，就容易發生這種情況，不要誤將客戶的要求視為不成功的跡象，通常是相反的狀況，會讓客戶不斷提出要求的特質，也有可能是確保他們能夠從你的產品得到最大的價值，只是想得到更多。

　　雖然客戶取消合約有許多原因，不過大部分公司卻都要等到來不及挽回會員時才發現，這點對於訂閱模式公司尤其重要。這裡提供幾點客戶流失最常見的原因，實際的訣竅在於準備好評估機制，能夠找出警示訊號，並在發現訊號時根據資料來行動。

未能實現的財務回報或商業價值

　　訂閱模式下，最初的商業案例可能不是根據準確的數據資料而建立的，或者也許是環境有了內部改變，無論是哪種情況，缺乏投資報酬率都會為你造成很大的風險。

- **惡兆**：客戶訂閱加入後，使用率降低或沒有活動。
- **你可以採取的行動**：如果你有客戶成功團隊的話，就運用這組團隊來檢視客戶的目標，並在適應產品的階段引導客戶，這樣他們才能早一點獲得價值。不斷尋找各種方法，能夠讓產品有更多用途，才能支持

更多功能，也就能產生更高的商業價值（例如更高的報酬）。如果你
處在單純只有科技接觸的世界，那麼就需要找到有創意的方法來加強
價值主張，了解客戶為什麼一開始會購買，又要如何運用可取得的資
源從你的產品及附加服務中取得更多價值。

產品執行時拖延或時間拉太長

訂閱模式下，客戶通常都會急著想趕快開始使用，但是很常出現的狀況
是：他們會在計畫開始後就失去了動力或目標，如果客戶無法開始製造他們
的產品，就看不到任何價值。

- **惡兆**：客戶無法讓產品進入可運作的生產模式。
- **你可以採取的行動**：清楚說明所提供的方案及服務，能夠更快獲取價
  值，讓客戶能夠展開客戶歷程，這可能包括將整段歷程劃分成較小的
  區段，讓客戶能夠在整體規劃中的次要部分使用你的產品。

失去專案發起人或高權限使用者

專案發起人或高權限使用者的交接會對你的長期成功形成威脅，在某些
案例中，有關為何購買你的產品、管理應用的重點等等背景資訊，都只握在
一、兩個關鍵人物手中。

- **惡兆**：客戶杳無音信，你無法聯絡到專案負責人或發起人。
- **你可以採取的行動**：提供訓練課程給新使用者，確保在該組織中不只
  有一個人知道如何使用你的產品。努力維持或者創造高層級的來往關
  係，讓管理能夠上線，同時在某個關鍵夥伴離開或轉調新職務時，能
  夠依賴這樣的關係保持來往。

產品採用率低

若是客戶沒有使用你的產品來協助他們的商業需求，可能會尋找其他選擇，或者回到自己過去做生意的老方法。

- **惡兆：**客戶完全沒使用你的產品，或者你發現使用率下降。
- **你可以採取的行動：**發展出能夠與客戶合作的程序，用來評估他們的商業需求並引導他們展開客戶歷程，大概說明他們能夠使用產品的哪些功能。確保有更多使用者能夠登入使用產品，並支援更多類型的功能，讓人對你的產品更愛不釋手（也更難取代）。同時要建立像圖書館的資料庫，收錄客戶投資報酬率的故事與使用見證，在客戶似乎失去了興趣與動力時，能收到十分有益的效果。

遭到使用其他方案的公司收購

在大部分經常性收入或按次付費的公司中，公司收購會造成某種程度的客戶流失。

- **惡兆：**你的客戶聯絡人告訴你公司遭到收購，或者公司的新領導團隊要求使用另一種方案。
- **你可以採取的行動：**這狀況很棘手。有某些例子是，你或許有機會向新的公司領導團隊介紹你的產品或服務有何價值，你可能就有機會維持（或增長）你的觸角，不過有許多例子是木已成舟，而你的產品並不在認證清單上，因此讓你無法控制這次客戶流失。

缺乏產品特色

每種產品和公司之間的競爭越演越烈，而新特色的吸引力，例如更直覺

性的使用者介面或者是手機或社交功能，再加上價錢更低的誘惑，都會讓許多公司轉換賣家。

- **惡兆：**你的客戶要求新功能、更多產品強化，或者更有競爭力的價格。
- **你可以採取的行動：**確保你的 CSM 已經加速熟悉你的產品規劃，並理解你在產品上做了哪些投資。如果你沒有客戶成功團隊，另尋辦法對現有的客戶傳達出產品與公司的正向未來展望。詢問客戶對產品方向的意見回饋以及他們的想法，跟你的產品管理團隊分享這些回饋，讓他們知道什麼對客戶最重要。與客戶來往，讓他們感覺自己是你進步的一部分，會讓他們的動機更強。

新的領導團隊導致方向或策略改變

新客戶的領導團隊可能導致方向或策略改變，有時候主管會帶來他們過去使用產品的強烈意見或偏見，然後要求必須對你的產品進行評估或替換。

- **惡兆：**客戶要求你參與需求建議書或解決方案評估過程。
- **你可以採取的行動：**取得你的專案負責人或發起人支持，主動致電給新主管並表示可以提供簡介，介紹你的公司、產品及價值主張，強調從產品所能獲得的價值，還有從延伸的功能與使用獲得的機會。重點就是要不惜一切代價搶先做到這一步，因為競爭對手會拿出投影片簡報和產品展示，而公司目前已經安裝好你的產品看起來卻是坑坑疤疤，相較之下通常很難贏過別人。

因產品品質不良或性能問題而影響了客戶

產品或性能的問題會對你的客戶造成巨大的痛苦，讓他們會想要尋找更好、更穩定的解決方案。

- **惡兆：**客戶提交的支援工單或升級案例越來越多。
- **你可以採取的行動：**首先要找方法追蹤早期的警訊，這樣你就能在問題變成危機之前先處理，如果客戶發送的支援工單超過了某個限度就會發出警告，比方說某個禮拜內就有三張，然後擬定行動方案，像是電話聯絡或電子郵件宣傳。如果你處在高接觸或低接觸的情境中，就需要有見識、有同理心，及時提供解決和替代方案，在內部提高這個問題的嚴重性，讓客戶知道他們的問題正以最高規格來處理，不斷追蹤問題的最新進度並主動提供進度更新。客戶能夠理解這個軟體並不完美，也珍視為了解決問題而產生的互動關係與支援。不幸的是，如果這個問題依然存在或者會造成重大影響，你仍然有可能失去這個客戶。

你的產品不是對的解決方案

有創意的銷售人員能夠找到方法來賣產品，就算這些產品並不是最符合客戶的需求。參見前面的章節和法則 1，對這點有更多深入見解。在某些情況下，客戶會購買你的產品來解決需求，卻不是你的產品最擅長解決的問題。

- **惡兆：**客戶對你的核心產品功能理解並不正確，或者客戶要求了未在你能力範圍內的功能。
- **你可以採取的行動：**教育銷售團隊熟悉用例以及客戶範圍，以創造出

理想的客戶體驗。在銷售過程中提供協助，幫他們找出可能客戶身上並不符合理想客戶檔案的地方，並提供其他方案讓客戶能夠解決商業需求。教導專業服務團隊辨識警訊以及如何早期發現專案中的風險。再讀前一章，能知道更多避免把產品賣給錯的客戶的方法。

人的因素

即使是最優秀的客戶成功專業人員偶爾也會遇到跟客戶不和的狀況，重要的是密切注意在你團隊中所有面對客戶的人，並且注意配對可能不適合的警訊。

- **惡兆：** 你可能會在某次電話或意見調查中，接收到對團隊成員不是那麼好聽的回饋，也可能是透過合作夥伴或者跟客戶有聯絡的人，聽到第二手的回饋。
- **你可以採取的行動：** 不要忽略負面回饋，主動聯絡你的客戶，聽聽他們對你團隊成員的意見和想法。你必須快速判斷這段關係是否能夠修補，或者需不需要取而代之。若是太晚處理替換資源的需求，可能造成長期的負面效應。

最基本的就是你必須準備好主動出擊的程序以監控客戶的健康狀況，你越是了解客戶、越知道他們的公司需要什麼、越清楚他們如何使用你的產品，等到他們要跟你延展合約或者決定是否要繼續選擇你這個賣家時，就會更有優勢。盡可能讓你的客戶成功管理團隊主動接觸客戶，或者透過科技接觸管道來介入，像是電子郵件、網路研討會或社群等，都可以讓你們的長期關係以及整體的客戶健康大不相同，以下列出幾種保持聯絡的絕佳方式：

- CSM 或者主管的主動接觸
- 及時而相關的電子郵件內容
- 高品質的客戶網路研討會，能夠提供如何拓展產品使用的想法
- 透過強大的客戶社群更新資訊並參與
- 定期舉行使用者團體會議
- 客戶諮詢委員會
- 使用者研討會

補充評論

　　改變真的就是你的敵人，即使是你最棒的客戶，要維持一開始的價值層級或者價值認知非常困難，這也同樣適用於消費者應用（consumer applications）。對大多數人來說，臉書的價值在他們開始使用的頭幾個月是最高的，價值並不是漸漸消失了，事實上，隨著不斷努力改進並推出各種新功能，這項產品的潛在價值可以說絕對是不斷增長，但是終端使用者的價值認知經常會隨著新鮮感消失而降低，或者他們漸漸將價值視為理所當然，又或者是你的競爭對手消弭了客戶在你的和他們的產品之間所看見的差異。這就是一場永無止境的硬仗，要努力維持並提升現有客戶的價值，你唯一的選擇就是著手處理。

高接觸

　　如果你有高接觸客戶，這項挑戰可以比較簡單也比較困難，比較簡單是因為你跟客戶的關係緊密，客戶可能跟你這家公司的來往程度也比較高，包括有助於你擬定產品路線圖，也對你現有產品的各個面向都有相當要求；比較簡單也是因為在完成銷售之後，這段關係不會像其他模式那樣有太大改變。就某些方面來說，這段關係在交易完成後還可能變得更緊密，因為這些

客戶的潛在 LTV 通常比初始交易的價值還要高很多，所以我們也比較會對他們投入更多人力。

　　另一方面，這項挑戰面對你的高接觸客戶也比較困難，其中一個原因就是風險實在高太多，而且要維持適當客戶關係的執行也比較難，這類工作有助於你釐清在客戶那方所發生的改變。你的支持者今日所擁有的權力與權限，可能一夜之間就因為組織重整和新的領導團隊而改變，在大公司裡的組織通常都會比較複雜，也有比較明顯的辦公室政治，這一切都會阻礙你和對的客戶來往，要契合他們的需求並不斷校準，而這些客戶又會持續支持你並為你的產品背書。

低接觸

　　面對低接觸客戶的挑戰並不讓人意外，他們比你的大客戶更容易經歷全公司上下都受影響的劇烈改變，而且因為你不是那麼經常跟他們談話，就更難理解這些改變的影響有多大而又會如何影響你。如果你將這些客戶視為個別整體，當然有時候必須這麼做，但是這樣只是見樹不見林。在某些方面，低接觸和科技接觸的客戶會迫使你這個賣家，要有一些比面對高接觸客戶更為正面、觸角更廣的作為。因為你面對這些客戶其中一、兩人的需求時，通常不會過度反應，為了要留住他們、滿足他們，焦點就會放在最能夠擴展出去的工作，也就是流程及產品。到最後，目前你的產品會是你在經營中最能擴展的部分，不斷投入精力和努力去製造產品以及支援流程，讓產出、功能和支援都更優秀，能夠幫助你成長為更有效率的公司，而不只是完成最大客戶的特殊需求。接納這樣的事實會是相當正面的文化態度。

　　這項事實的另一個面向在於，重點是要知道你對低接觸階層與高接觸客戶的留存／流失率目標應該是不一樣的，除了很少數的例外狀況，你對金字塔越底端階層的留存率目標會越低，理解並接受這點能夠讓你不會太過專注

於一、兩位這樣的客戶，耗費心力卻無法改善公司整體面向中更能擴展經營的部分，例如流程及產品。

科技接觸

我們在討論這十個法則以及和各種不同接觸模式的關係時，經常會發現低接觸和高接觸之間的差異，套用到科技接觸客戶的身上都會更明顯、更快速。我所說過有關低接觸客戶會面臨的挑戰和正面情況，在大多數科技接觸客戶身上也是一樣。因為你從來不會跟他們交談，有的話也是在一大群人的情況下，能得到的真實回饋有限，也就不太可能發現他們的商業模式或組織有變動。在這種情況下，以下三件事能提供你極大幫助：

1. **調查**。這或許是持續從這些客戶身上取得意見回饋最好的方式，不過若是請他們告訴你他們的領導團隊或商業模式是否改變，這大概不太有用，可是能夠不斷取得你產品各個部分有何價值的意見回饋，卻是非常珍貴。如果能夠收集這類資訊並傳達給你的產品團隊，他們應該經常會觀察市場並適應正在發生的整體改變，那麼你應該就能快速適應不斷改變的產品需求。

2. **社群**。互動熱絡的社群能夠讓你經常窺探客戶在想什麼、討論什麼，要問問題並且從一大群人身上快速得到回答時也非常好用。確保你給予社群的東西就跟你從社群所得到的一樣多，還要運用社群所賦予你的權力。

3. **了解流失**。在 B2C 世界裡，這一點也最有可能透過意見調查來進行。在 B2B 世界裡，即使是在非常底層的客戶，或許也值得花錢或花時間特別選幾個流失的客戶來追蹤，好真正了解是哪個部分崩塌了，要是有機會的話又可以如何避免。無論如何，了解客戶流失的原

因總是會比了解客戶為何留下還要珍貴，因為流失通常比較是有慎思理由的單一事件，好好了解這一點**必須是**經營經常性收入公司的一部分。第十一章會有更多關於這個主題的討論。

高接觸客戶或許是你財務成功的槓桿，但是考慮到公司的擴展和效率，低接觸和科技接觸的客戶或許同樣能提供寶貴的槓桿。

第 7 章

法則3：客戶對你的期待：你能讓他們超級成功

作者：

奈洛‧法蘭柯（Nello Franco），拓藍（Talend）客戶成功資深副理

相關性

	低	中	高
B2B 的 SaaS	★	★	★
訂閱模式	★	★	★
按次付費	★	★	★
B2C	☆	☆	
傳統	☆	☆	

執行摘要

客戶購買你的解決方案並不是為了使用其特性與功能，購買解決方案（以及購買與你的關係）是因為想要達成企業目標。就像銷售組織會運用**挑戰式銷售法**（challenger sales approach）一樣，客戶成功組織和作為也需要提供新的見解和挑戰。就像科技企業家班‧霍羅維茲（Ben Horowitz）2015 年在哥倫比亞大學畢業典禮上的演講所說的：「告訴別人他們已經知道的事情毫無價值。」

你的客戶加諸在你們關係之上的價值，並不只是取決於產品的特性與功能，也取決於你的公司為了幫助客戶做得更好而做的其他一切事情，這包括支

援、內容行銷、線上資源，以及在與大公司往來的情況中還有主題內容專家的直接參與。在某些情況下，要傳達出違背常識（也是大多數人都支持的共識）的智慧可能很困難，但是到頭來，傳達出對你客戶最有好處但具有挑戰性的訊息將會強化你們的關係。訂閱模式下，在客戶留存率就是關鍵的世界裡，這不只是一次機會，是義務，若是放任你的客戶走上錯誤的道路，可能就會造成災難性的後果，因此我們必須挑戰客戶，讓他們用對的方法行事。

　　想要達成超級成功，你必須理解三件基本事實：

1. 你的客戶如何衡量成功？也就是說，客戶的衡量標準是什麼（省下多少時間、增加多少收益、減少多少成本、提升品質的確切財務影響），以及客戶需要達到什麼成果才算勝利？
2. 客戶是否達成了那樣的價值（或至少是走在務實的路上往達成目標前進）？
3. 客戶這一路上與你之間的經驗如何？

　　超級成功不是碰巧發生的，之所以發生是因為你和客戶都深深關切是否能共同成功，你們雙方都共享也理解這些目標，會針對這些目標評估並監控整個過程，你會問困難的問題，而且在設定新目標時會不斷努力提高標準。

　　事實是要讓你的客戶成功，光有很棒的產品還不夠。在一家企業中，你能夠拿到這筆交易是因為你的銷售團隊表現非常亮眼，能夠推銷公司的好處、描繪出未來，並讓客戶期望使用你的解決方案後可以獲得相當大的報酬。在最近一次客戶會議中，一位思考前衛的資訊長（chief information officer，縮寫 CIO）向我表達了對許多軟體賣家的擔憂：「他們都沒來挑戰我們，走進來安裝軟體然後就走了。我想要了解的是我們目前有什麼做法是應該有所改變的，我們不只是付錢買一項產品，我們也想要專業。」某種程

度上他就是在告訴我們：「你對我們推銷的是遠見與專業，那就是我們想要的，現在該遵守諾言了。」

假如你無法在主管階層仍對產品感到興奮時，就很快展現出某些價值，便有可能會失去動能而落入顧能研究諮詢公司（Gartner）所稱**泡沫化的低谷期**（trough of disillusionment，參見圖7.1）。

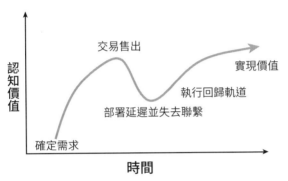

圖 7.1　延遲的價值情境

有了早期出現的證據點，客戶對成功的認知就會成為較為平坦的曲線（參見圖7.2）。

除了要確保你能引導客戶達到最終的成功，也要安排讓客戶很快贏得成果，先找出初始的里程碑並追蹤達到首次價值點的時間（在圖7.2中的「階段一價值」），這或許很簡單，例如運用基本功能做出初始的概念驗證，很快就能證明給你的客戶看（他們不僅是馬上就會支持你的人，也是主管或董事會成員），採用你的科技是明智的決策。同樣重要的還有盡快證明價值，因為你之後跟這位客戶想再進行什麼擴展的計畫都要取決於你的成功，趁早贏得成果就能讓這股動力持續下去，趁早贏得成果對於你在未來階段可能面臨的挑戰（技術、商業、環境或政治方面）也十分有幫助，而你的支持者也能利用已經達成的價值為你掃平障礙並募集更多支持。

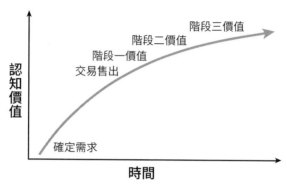

圖 7.2　改良後的價值情境

　　安裝建置在辦公室內的軟體，提供一個 SaaS 解決方案的使用者帳號，讓你的 B2C 方案或者行動應用程式簡單到多笨都會用，或者甚至提供基本訓練，讓客戶學會你的產品功能，以上都還只是桌面上的籌碼。這些作為能夠讓你參與賭局，但還不足以讓你贏，如果你的公司有所創新（哪家成功的公司不創新？），向外部傳達出這股創新的好處就很重要，而且關鍵就在於客戶如何運用你的能力讓他們的工作更有效率。最棒的公司必須提供這樣的專業及引導，而且可以持續擴展。這不只是需要有精通技術的專業服務顧問，他們可以按量計費的方式服務（雖然在服務企業以及某些高技術解決方案的子部門時這非常重要），你也需要絕佳的內容（知識基礎、典範實務、使用方法）以及有效的手段來達成。

　　你的客戶一開始會購買產品的主要原因並非是產品功能很酷，而是因為客戶有工作要完成，希望你的解決方案（以及你的公司）能夠幫他們做得更好。例如，如果你的公司提供一種數位行銷方案，就需要提供工具、科技、訓練和支援內容，讓你的客戶成為更好的數位行銷者，而不只是能夠讓他們寄送電子郵件。更重要的是，你需要不斷提供示範給客戶，讓他們知道如何使用你的方案來提高工作效率、其他客戶是如何使用你的方案提高效率，而如果你能拿到彙整數據，還能知道客戶的某些重要評量標準（使用率或其他

之類的）跟類似公司或產業平均值相較之下如何。若是沒有比較的基準點或要達成的目標，客戶目前的表現數據資料價值就有限。

要讓你的客戶超級成功，首先必須了解他們對成功的定義

要管理你的客戶，讓他們邁向超級成功之路，一定得知道有關他們的三件事：

1. **他們如何衡量成功？**尤其是，他們用來衡量成功的關鍵標準，或稱為「貨幣單位」是什麼？而客戶需要增加／節省／移除／減少多少單位，才能說他們從你的解決方案中獲得價值？你也應該知道客戶這個團隊（和你的方案無關）的表現要接受什麼樣的評量。
2. **根據這項標準（或者不只一項），他們是否達到成功了？**或者，如果這是進行中的工作，客戶是否在預設的時間長度中往成功前進？
3. **他們一路上學到了什麼經驗？**前兩個問題的答案相當清楚也可量化，不過這個問題就沒那麼簡單了，而且也十分重要，這會影響你和客戶之間的關係與互動氛圍。即使你的客戶使用你的科技而達成目標，如果這段經驗是很痛苦而且耗費了比他們預期所需更多的精力，那麼你就大大提升了他們要達到成功的成本（實體和非實體成本都是），以及流失的可能性。

投資報酬不是概念，而是算式

還有一個領域在銷售循環中同樣備受關注，不過在執行工作後可能就會遭人遺忘，那就是投資報酬率的量化。如果你提供的是客戶成功解決方案，你的客戶或許會有以下目標：

- 減少客戶流失
- 尋找向上銷售的機會
- 增進擴張團隊的能力

雖然很難判斷你的方案能夠幫助客戶完成前述這三項目標到什麼程度，不過如果可以的話，首先要做的就是量化期望得到的成果。例如，要減少多少客戶流失？定義出有多少新的向上銷售機會，規模又有多大？總價值有多高？你期望自己的團隊能獲得多少生產力？你如何衡量生產力？是否有方法能將產品使用（或者產品的特定性能）連結到團隊擴展力？在某階層中特定比例客戶的健康分數當中，你是否能發現有幾項關鍵標準跟初始價值有關？在你了解這些期望後便將之設定為清楚的目標。

打出節拍並追蹤進度

訂閱模式下，運用定期的業務審查（跟你比較高接觸的客戶）來追蹤進度，看看是否朝著你們共同定義的標準與目標前進。如果你的客戶知道他們的成功也與你密切相關，知道你和他們擁有共同的目標，他們就會願意經常和你來往，共同為了達成目標而努力。定期的策略性業務審查（strategic business review，縮寫為 SBR）可能是一季一次或其他，會專注在這些目標上，讓你和客戶有**理由**能定期來往。這些目標也有助於擬定業務審查的對話，我看過太多季度業務審查（QBR）的出席率很差，因為他們並未朝向清楚說明並徹底了解的成功標準努力，產品路線圖的更新以及審查開放支援的案例對於 QBR 的發展幫助有限，事實上如果 QBR 中只有討論這些主題的話，完全只是採取防禦姿態，如果你或是客戶只會討論尚未存在的以及無法好好運作的性能，根本就贏不了。

在通往眾所周知的成功路上，業務審查一定是更廣泛情境的一部分。如

果你能清楚了解客戶的成功標準，那麼在每次 QBR 最後就應該為下一次設定可衡量的目標。我最近跟一位客戶見面，他的目標是要在接下來兩個月內用我們的產品將幾十億條數據轉移到新的資料庫中，雖然我們的 CSM 在過渡期間會跟客戶進行多次討論，確保他能達成目標，不過在下一次 QBR 一定會有更大的團隊來審查這項可量化的目標是否達成。

成功不是目的地，而是旅程

　　雖然你的客戶或許已經設定了初始成功的標準，你做為合作夥伴所帶來的價值，有一部分也能決定他們接下來該思考什麼。你知道也了解你的產品可能為客戶帶來什麼價值，也知道其他客戶如何成功使用你的產品，這對你來說是完美的機會，能夠引導你的客戶讓他們知道接下來應該思考什麼。如果他們只是用你的客戶成功自動化產品，將客戶留存率從 85% 提升到 88%，你現在有機會讓他們知道，業界最好的公司能夠達到 90% 或以上的合約延展率，而你和他們的合作可以幫助他們達成這點。對較低接觸的客戶來說，你可以透過內容行銷以及在線上傳達典範實務來做到這個目標；對較高接觸的客戶，這可以是（也應該是）執行校準的機會。這是能夠影響彼此策略的機會，也是強化關係的機會。有一項好用的工具有助於將客戶引導到超越初始價值的方向，那就是效能模型，能夠展現出價值和進度 ❷，你可以運用這套工具設定目標和時間表，幫助客戶在與你合作時更能達成業務目標。

理論上而言，理論跟現實沒有差別，但現實上是有的

　　這一切理論上聽起來都很棒，但是除非你的整段客戶關係（從銷售流程

---

❷　見 http://blog.nellofranco.com/2013/07/09/demonstrating-value-and-progress-to-your-customers/。

就開始）都能彼此完美契合一致，否則就會遇到某些案例是客戶不願意上談判桌、不願意提供重要數據、態度充滿挑戰與質疑，可能跟你對期望值的理解和設定也不同，大概要歸因於過度樂觀的銷售效能。你可能會遇到對你產品的挑戰，你的支援或服務團隊可能不是每一次都能拿出完美的服務，我只能說：歡迎來到客戶成功學。這些都是你必須面對的挑戰，而且在問題出現時，你必須盡快進行困難的對話，問題不會自己消失，但客戶卻會。

　　如果能恰當地與客戶來往，這些對話至少都會是絕佳的學習經驗，你的公司所能採取的最佳角度，就是從客戶的透鏡來看自己。不管你多麼努力想像客戶對某件事的感受或想法，他們要是不說，你永遠不會知道。坦率與客戶對話是你公司珍貴的資訊來源，有時可以說是頓悟。

　　解決挑戰的機會也是鞏固關係的大好時機，我聽過有句話說，最堅硬的鋼是由地獄之火冶煉而成。訂閱模式下，如果你和客戶攜手一起經歷一次艱困的情況，並展現出你做為合作夥伴的本色，或者你是否能夠承擔責任，設定短期的里程碑目標（然後達成這些目標），重拾信任並讓你的客戶成功，接著你就會理解並對這句論述感同身受。如果客戶無法實踐他們那一方的承諾，那你就必須加強力道，與你的銷售團隊或其他營運功能團隊擬定策略，想出辦法該如何與對的人或團體進行必要的困難對話。客戶成功是每一個人的責任，運用你所能取得的所有資源，你的客戶也期望你這麼做。

　　確實，訂閱模式下，客戶希望你能讓他們超級成功，也確實很希望能夠和你一起變得超級成功，事實上在你們的共同成功當中，客戶要負擔的風險至少是跟你一樣大，而你的客戶有所要求是因為他們想要成功。挑戰你的客戶這件事做起來不見得輕鬆，需要雙方建立關係、彼此尊重，並認知到你們都在為了共同的目標而努力。最近有位客戶在一次晚宴會議中跟我說：「你對我們提出的挑戰，要處理、接受都很困難，我們一開始採取防備姿態，認為你基本上就是在說我們錯了，結果就製造了一些緊張，但是到頭來因為我

們感覺到你跟我們同在一條船上，於是我們就接受了。結果，這件事強化了我們的關係。」

　　客戶的意見回饋讓你有機會能夠改進，但不一定是像合作升級或挑戰這麼明顯的事情。在大多數案例中，你必須注意更細微的線索，找出可能對你客戶成功造成威脅的風險，這些線索很多時候都不是客戶實際上說了什麼，而是藏在他們不會說出來的話中，若是這樣的情況下，關鍵就在於找到問題的根本原因，理解自己必須如何修正路線，才能讓客戶成功。

　　記住，你的客戶不是購買一項科技，而是購買一套能夠解決問題的方法、一條能夠有更好發展的路徑。你的責任就是要理解客戶的目標與意圖，引導客戶走上那條路（既要透過高接觸也要有低接觸的方法）。只要你能夠理解客戶如何衡量成功，就要確定他們往成功的方向發展，也要確定他們這一路上都能獲得正面經驗，你就能擁有可能是最寶貴的事物：擁護者，而在如今的世界裡，社群媒體和網路就像助燃劑一樣，能夠讓負面及正面意見如野火延燒，擁護者就是無價之寶。

　　有了挑戰式銷售法以及內容行銷的崛起，加總起來造就了這樣的環境，讓客戶期望自己不只是購買了一套能夠使用的產品，他們和一家公司建立起關係，能夠讓他們更有效地達成商業目標。因此，CSM（以及所有會面對客戶的團隊）必須拿起指揮棒，負起責任，在整個客戶生命期中擔起挑戰者的角色。超級成功的發生不是偶然，之所以發生是因為有人問了艱難的問題、衡量並監控目標，只要達成了這些目標，就會有人再提高標準，重來一次。歡迎來到（超級）客戶成功學的世界。

補充評論

　　這麼說不只是針對千禧世代，我們如今確實生活在一個手握權利的世界。網路真的改變了一切，特別是期望。還記得過去你常常會想著安東尼・

霍普金斯（Anthony Hopkins）到底拿過幾次奧斯卡獎，然後一直不知道答案嗎？那些日子早就過去了，現在我們問了問題不到兩分鐘就能得到答案（不然我們就會抱怨網路電影資料庫〔Internet Movie Database，縮寫 IMDb〕太爛，或者餐廳裡沒有無線網路）。科技也提供我們太多像是 IMDb 這樣容易使用的手機應用程式，這些所有一切都在寵壞我們目前和未來的客戶，讓他們懷有很難達成的期望。其中一項期望就是，要讓他們成功的責任落在我們（也就是你）的肩頭上，與他們無關。在訂閱經濟模式為基礎的世界裡，不管我們喜不喜歡，這都是事實，因為如果我們不做，某個競爭者會，就算這是很糟糕的公司政策、維持成本也很高昂，總有人會做。我們受限於這件事實，所以必須學著面對，再說一次，我們唯一的選項就是接受事實，想對抗也只是浪費精力與熱血。

　　不過我們還有一點點現實主義能夠仰仗，至少目前還可以，每個人都能理解，要能夠幫助你鞏固財務以及每一季結算帳目，這樣的應用程式會比美食評論 Yelp 或者拼字遊戲 Words With Friends 要更複雜一點，但是其中的差距絕對在逐漸縮小。最為成功的商業軟體一定會從消費者應用程式借來使用者介面的妙方，大家都能因此受益。不過最高的門檻總是比較難跨越，無論我們銷售的產品是需要四個月培訓課程，或者從應用程式商店下載三十秒後就想要使用的產品，客戶都期望我們能夠讓他們的生活一天比一天更輕鬆，而這樣的期望不會消失。

高接觸

　　這一類客戶似乎在邏輯上是最符合這一條法則的，我會認為**考慮到差異化競爭**，這種期望其實在各個階層都適用，不一定是要比較甲骨文公司的應付帳款應用程式跟你的優步應用程式。對高接觸客戶來說，這份負擔非常真實，而且大部分是落在個人的肩頭上，通常某人必須理解客戶對成功的定

義，某人必須協助定義投資報酬率並回報給客戶，然後某人要負責提供必要的訓練，讓客戶能夠有效使用產品。過段時間，這些都是會越來越自動化的工作，不過對於現在多數產品來說仍是屬於某個人的工作需求。

對客戶成功團隊來說，這絕對就是見真章的時刻了，他們絕對不是單打獨鬥，也希望能從產品、訓練、培訓及支援團隊獲得協助，這也是百分之百合理的，但是單一的 CSM 最終仍要背負責任，確保他的客戶能夠超級成功。而一如往常，客戶參與這趟過程的能力、指導和熱忱程度不一。生活在這個世界裡的我們都知道，客戶的成功通常更多靠的是他們自己而不是靠我們，但是我們還是要負起讓成功發生的責任，因為若非如此，先不說要怪罪誰的問題，結果總是不好的。

低接觸

就這條法則來說，低接觸客戶或許是最難的，長期的解決方案當然是自動化，但是客戶的期望是如果方案中的科技部分無法符合他們的需求，就要達成像是人所能提供的完美。這項挑戰很明顯，客戶期望能在他們有需要時有人來協助他們（通常確實如此），而客戶經常無法理解的是，人力資源並非無窮無盡，我們所要面對的就是資源有限的事實，在這個情況中，資源指的是人，而此時要設定並維持期望都比完全沒有資源的情況困難許多。想想看我們可能想要傳達給這兩類客戶的不同訊息，以及訊息聽在客戶耳裡會是如何：

低接觸——「我們引領您邁向成功的過程中包含了所有以科技為基礎的資源，您能夠完全取用我們的知識資料庫、典範實務檔案庫，以及隨選隨看的訓練影片，毫無限制。而且，您的客戶成功專員／團隊也能在有限情況中提供協助。」

科技接觸——「我們引領您邁向成功的過程中包含了所有以科技為基礎

的資源，您能夠完全取用我們的知識資料庫、典範實務檔案庫，以及隨選隨看的訓練影片，毫無限制。」

哪一句訊息比較不可能被人誤會？哪一句比較有可能遭到濫用？哪一句比較有可能設下錯誤的期望？

準備面對這裡會遇到的挑戰，這些挑戰並非無法克服，但會相當艱困。

科技接觸

這裡的期望相當容易設定，但是不要忘了，門檻可是相當高。再說一次，你會想找個方法從這些客戶身上獲得真實的意見回饋，這樣才能經常因應他們的需求而調整。你可以像我們先前討論過的，透過意見調查來完成，也可以在你的應用程式中就做到這點，有許多可取得的第三方工具，像是WalkMe，能夠即時引導使用者熟悉你的應用程式，也可以讓你的客戶歷程更有效率，也就是更好。你還可以在你的應用程式中內建回饋機制，這樣一來你就能夠直接詢問使用者，例如他們暫停在某一頁或流程中某一步驟太久時，便能問他們是否有造成困擾的問題。不要輕忽扶助使用者熟悉產品或流程的需求，因為這是使用者的期望，也是你的競爭者努力要做到的。

在這裡若是能有某種早期預警系統也會非常有用，如果一位新客戶在你的應用程式中尚未達到特定的價值點（由你定義），就可以發送電子郵件來刺激他們的進展。這顯然需要先規劃出理想的客戶歷程以及你產品中**必須使用**的部分，這樣你才能適當而及時地介入。

一般說來，訂閱經濟賦予客戶的權力會比過往的標準還多更多，這條法則就特別在討論這點事實。如果你想要順利打造出以客戶成功為核心的公司，你就需要承擔起讓客戶超級成功的責任。

第 8 章

法則4：不斷監控並管理客戶健康

作者：

丹恩・史坦曼，Gainsight 客戶長

相關性

	低	中	高
B2B 的 SaaS	★	★	★
訂閱模式	★	★	★
按次付費	★	★	★
B2C	★	★	★
傳統	★	★	★

執行摘要

客戶健康就是客戶成功的核心，只要使用得當，不只能夠提供資料，也能促進適當的行動，如果說，對銷售副理而言，銷售漏斗是能夠預測未來客戶行為的指標，客戶健康對客戶成功也是一樣的功能。客戶健康狀況好就代表有很大機會能夠延展合約及向上銷售，若是客戶健康不良就表示比較沒機會延展合約及向上銷售。因此，就像銷售副理們會控管整個漏斗，客戶成功團隊也必須控管客戶健康。

訂閱模式之下，因為客戶留存率對經常性收入企業來說攸關存亡，監控並管理客戶健康就是客戶成功團隊的核心活動：必須要做而且要好好做，絲毫不容懈怠。

這條法則的名稱很適合讓你用來玩一種古早的文字遊戲：大聲念四次，每一次都強調不同的字詞。

- 不斷監控並管理**客戶健康**
- 不斷監控並**管理**客戶健康
- 不斷**監控**並管理客戶健康
- **不斷**監控並管理客戶健康

訂閱模式之下，只要你以積極的客戶成功視野來執行這句話，每一個概念都同樣有價值。讓我們先搭好舞台，然後回頭來分析各個概念。

我們已經一次又一次說明，訂閱經濟模式需要我們將注意力放在客戶身上，不是因為我們希望他們可以幫我們說好話（但是可以的話更好），不是因為我們希望他們做案例研究（但是可以的話也很好），甚至也不是因為我們的執行長想要主張自己是以客戶為重心──他們都會這麼說，不管自己是不是說到做到。我們別無選擇而必須專心在客戶身上只為了一個非常簡單的原因：攸關存亡。經常性收入企業若是無法為客戶帶來成功，就是無法生存下去，因為成功的客戶會做兩件事：（1）他們有很高機率會延展合約，而且（2）他們會跟你買更多東西。真的就是這麼簡單，而訂閱或者按次付費的商業模式若是沒有這些東西就無法存活。

說句公道話，完全不管理、不培養客戶絕對不是好事，我們真的希望他們能成功使用我們的產品，然後跟其他人談論，願意幫我們做推薦，可以和我們一起為我們做其他行銷相關的活動。大多數公司和執行長都想要客戶成功的原因跟財務並不相關，而是客戶能夠從我們這麼努力生產給他們的產品中獲得真正的商業價值，這樣的感覺就是很好。不過這從來跟欲望無關，而是跟動機有關，想要你的客戶獲得商業價值是一回事，不過讓你公司的存亡

陷入危急關頭又是完全不同的一回事了。

這麼說不只是為了講述論點而誇大，數字不會騙人。在永久授權軟體的世界裡，客戶的 LTV 有非常高的比例都是在初次銷售時獲取，可能會高達 90%；在訂閱經濟模式中，客戶的初次交易很可能還不到總客戶 LTV 的 10%。例如一份 25,000 美元的年度合約，客戶的生命期預估最少有七年，但是健康的客戶更有可能是十年以上，表示這位客戶會有九次合約延展，就算年成長率只有 5%，客戶最後在這段交易關係期間也會花費超過初次交易價值十倍以上，而這甚至還沒算進購買服務和訓練的非經常性收益，或者先前討論過的第二次訂購收益影響。

因此才催生了客戶成功學，這個團隊設立的目的，就是專門為了要讓每一位客戶使用你的產品而能創造價值，結果就能帶來高客戶留存率以及健康的公司。如果要衡量客戶成功團隊的這些人表現如何，這就是一項相當簡單的標準：淨留存率。但是他們每天到底要做什麼？

不斷監控並管理客戶健康，就是這樣。

讓我們從這句話最後一個詞開始分析每個部分。

客戶健康

在我們還沒開始定義何謂客戶健康之前，應該先回答**為什麼**，動機幾乎都是從為什麼這個問題而產生的，而不是**什麼**或**如何**，那麼我們為什麼要在乎客戶健康呢？答案或許看起來很明顯，但還是讓我們說得更具體一點，因為銷售存在已久，幾乎每個人都知道如何運作，所以我們就用這個當作類比。要在客戶成功的世界中了解客戶健康，非常類似於你的銷售領導人（和主管）了解銷售漏斗，而更清楚了解漏斗之後，能為你的銷售副理做什麼？至少有三件事：

1. 預測未來行為

2. 預測未來行為的時機

3. 能夠將團隊管理得更好

　　說得簡單一點就是預報和管理，而客戶健康對於客戶成功副理來說也有相同價值，每天都能用這項指標來預測未來的客戶行為（延展合約、向上銷售、流失、有風險），並且提供更為及時的方法來管理你的團隊（不必等十二個月後才知道某個 CSM 的流失／留存率）。

　　現在來談談「什麼」。什麼是客戶健康？嗯，用了**健康**一詞可不是巧合，這確實就像是人類的身體健康狀況。如果我們去看醫生做徹底的健康檢查，就會拿到一個健康分數，對吧？比方說，這位病人的體溫和心率都正常，血液檢查顯示沒有嚴重問題，不過膽固醇有一點高，也比標準體重多了4.5 公斤，每個月只運動三次。我們可以再多做好幾項測試，但是對這個年紀的男性來說，通常就是做這些檢查，從零至一百來看，我們可以給他八十四分。

　　客戶健康也是一樣的道理，我們可以進行一系列測驗來判斷整體健康，當然首先必須定義出何謂健康，該跟什麼東西比較測驗分數。你可能有好幾位健康的客戶，你知道他們是誰，大概也知道為什麼你認為他們是健康客戶：他們幾乎每天都會使用你的產品，甚至還會使用比較進階的功能。他們經常聯絡你的支援團隊，次數足以讓你知道他們使用產品的程度很活躍，但他們也不會太常打客服電話。他們會準時付款，最近一次的客戶滿意度調查分數是九十。你可以根據印象或科學方法來判斷客戶健康，不過到頭來可能會是兩種方法的綜合，但是你在某種程度上必須有所調整。每一家公司都不一樣，所以要做這件事情不是只有一種方法，但這裡列出可能的客戶健康元素，可以用來判斷整體健康：

- **產品採用程度：**如果你能夠拿到這份數據資料就要取得，這對判斷客戶健康非常有幫助。用每一種可能的方法來檢視資料：客戶使用方案的頻率多高？他們是否有使用你最具吸引力的功能？有多少人在使用？主管有使用嗎？是否使用在董事會會議、主管會議或部門會議之類的？要知道客戶是否使用、如何使用你的產品，沒有比這份資訊更能用來判斷客戶健康的，但是客戶健康還不僅於此，如果你無法取得產品使用數據，這張列表的其他項目就會變得更加重要。

- **客戶支援：**客戶多常打電話來？案件平均的進行時間有多長（有多少第一優先的案子與第二或第三優先等等）？很好，健康的客戶通常打電話或者使用支援服務會有一定的頻率，這是判斷客戶健康一項很有用的指標。

- **調查分數：**將客戶關係想像成人際關係，言語溝通和非言語溝通都很重要，但是在你詢問客戶時，他們直接的回覆就是關鍵。

- **行銷投入：**如果你寄了一封行銷電子郵件給客戶時會怎麼樣？會退信嗎？客戶會取消訂閱嗎？客戶是否會開啟、捲動閱讀或者下載？無論結果如何，所發生的事情都能透露訊息。

- **社群參與：**如果你建立了社群，你的客戶不管健康狀況如何，可能都會在那裡待過，而他們所做的事情可能非常有趣。他們有問問題或者回答問題嗎？是否提交了產品要求？是否針對其他人的提案投票？

- **行銷參與：**你的客戶會為你背書嗎？參與案例研究？在你的研討會發言？健康的客戶就會。

- **合約成長：**客戶在你的科技與服務上的投資是一項清楚的忠誠度指標，如果經過了五年，某位客戶的合約規模仍與一開始的一樣（或更小），該名客戶大概不會比其他合約價值翻倍的客戶健康。

- **自給自足：**如果客戶不需要你的幫忙就能更有效率地使用你的產品，

通常會比那些要靠你驅策才能前進的客戶健康。

- **付款紀錄**：健康、快樂而忠誠的客戶會準時付款，就這樣。
- **主管關係**：你跟每一位客戶的私人關係有多好？再加上他們在公司的層級有多高，這是客戶健康一項非常重要的因素。

　　至少至少，你自己也該好好想想客戶健康的意義，並針對你的特定客戶分析各個不同面向。你或許會做出像這樣的列表，然後決定有些項目太難達成或者要計算的分數太複雜，或者你會決定唯一重要的項目只有產品採用程度，沒關係，因為你需要從某件你能夠做到又能解釋的事情開始，不過要做出列表，不斷加上新項目，只要你把這件事當成討論與考量的核心重點，就會發現客戶健康的許多其他面向。

　　不管你最後的決定如何，這個過程很有啟發又有益處，到了最後，你完全相信在你的客戶成功策略中，必須要有某種客戶健康評估做為焦點。

管理

　　如此簡單一個詞，卻包含如此多層意義，讓我們一層層剝開來討論吧。如果你有客戶成功團隊的話，這個詞就是組織的核心，確實就是他們每天要做的事。我們認為正確評估客戶健康，能夠做為忠誠度的清楚指標，也能用來預測未來的客戶行為，事實上，如果這個論點無誤，那麼你的客戶成功團隊所採取的任何行動，只要不是用來提高客戶健康的分數，那麼大概最好不要再做了。再拿銷售來做類比，你的銷售團隊不管進行什麼活動，如果不是為了建立漏斗或者讓機會在漏斗中流動，那麼就算是白費了團隊成員的時間。

　　創造客戶健康分數並不是學術活動，而是有清楚的目的，但是如果做得好，同樣能夠產生可據之行動的見解，讓你的團隊能夠動起來。例如，如果

你認為某位客戶在意見調查中給你較低的分數，客戶健康分數就會下降，那麼就該找方法來處理意見調查中的低分，好扭轉該名客戶的負面發展。這就是我們談**管理**時所指的意思，要採取行動，而不是只觀察、沉思，去做點什麼！光有分析與見解卻沒有行動，可以說一點用處也沒有。雖然這樣可能會過度使用銷售的比喻，不過這就像銷售業務員回報說，在他的漏斗中某筆交易已經停頓在同樣的階段有一百八十天了，觀察並回報這樣的事實對做成這筆生意一點幫助也沒有，早在那一百八十天之前，銷售副理可能就會警告業務員「不行動就失敗」。

我們回頭談談要列出整體分數的各個項目以建立健康分數，這些整體健康的項目對你的各個 CSM 都非常重要，因為這份列表讓他們有能力去改變整體分數。用這種方式來想，如果你所擁有的是一個整體分數，身為一位 CSM 要如何提高單一客戶的分數？啊……嗯……欸……讓客戶更開心？對啦。也就是說，你看看能不能把大海煮沸啊，不可能嘛。

不過如果你有各個項目的分數，再來面對相同的挑戰，比方說其中一項是**產品採用度**，用來衡量已購買、已啟用授權的比例，現在如果你是 CSM，你想要提高某位特定客戶的健康分數，而發現這位客戶的產品採用度分數真的很低，一百項授權中只有十三項啟用，你突然就知道自己可以採取哪些非常特定的行動，可以肯定的是，如果你能夠讓六十名使用者積極使用你的產品，而不是只有十三名，整體分數就會有顯著提升。

因此要建立客戶健康分數，然後據此管理，並認知到只要提高健康分數就代表了增加忠誠度，未來也可能會發生好事，例如延展合約和向上銷售。

監控

要管理客戶健康就必須監控，科技在我們討論過的所有領域中都能扮演重要的角色，不過在協助你監控客戶健康這方面尤其必要。如果你沒有某種

能夠監控客戶健康的系統，就得努力分析一大堆試算表和報告，試圖從中得出可據之行動的結論。如果在一開始這麼做還滿合理的，之後再轉換成更為科學、系統性的方式，其實體驗一下手動處理的痛苦很有幫助，讓你更有合理動機要做自動化，另外創造出一套這樣的流程也很有用，一開始沒有系統化而必須自己解決問題，然後才自動化，如果這套流程沒有經過合理修正，就沒有自動化的必要，最後只會讓你更快犯錯。

你無法管理自己沒有監控的東西，因此不管你怎麼進行，這點顯然都很重要。我們目前所討論到的法則三元素都同樣重要，只有一個而缺少其他兩個，那就都沒有用，這樣太蠢了，所以請不要嘗試。

不斷

然後是我們這句話中的副詞，你可以說這個詞不比其他三個重要，因為這只是用來形容要如何進行特定的工作，畢竟監控與管理客戶健康聽起來真的是個好點子，也完全可以這麼說，不過有位智者曾經這麼說：「如果是值得做的事，就值得做得非常好。」我們都同意在這裡所討論的事情很值得做，那麼不如就不斷努力去做到非常好吧？事實上，如果不是不斷努力去做，或許就一點也不值得做，這麼說也不是太牽強。在我們的生活中，我們所做的太多事情當然都有很高的急迫性，但是如果我們同意在經常性收入商業模式中，促進忠誠度（客戶成功學）就是公司長期存亡的根本，那麼我們除了不斷努力去做，真的還有得選嗎？有人會懷疑你的執行長對這個問題的答案是什麼嗎？

對我們大多數人來說，每一天的工作活動就像在真空管裡的氣體，會擴散開來充滿整個空間，如果我們沒有其他事情可做，電子郵件可能就會耗去整個工作天，而我們大概都會同意，如果一整天只有做這件事，實在不是非常有生產力。那麼，何不拋開所有疑慮，在這裡用上**不斷努力**這個詞呢？我

們說的是某件**必須**要做的事，去做這件事的人做得多好才算得上有所成就。**不斷努力**似乎是繼續向前唯一有道理的辦法。

或許要總結這條法則，最好的辦法就是用下列這個病毒式口號：

不斷。監控。並管理。客戶健康。

補充評論

客戶健康是了解並管理客戶的核心，但同樣重要的是，要了解客戶健康並非不變的常態，通常有改變時（而且一定會改變）也不是線性發展，如果要用我所能想到幾何級數圖形來說明，應該比較像是正弦曲線。如果各位也像我一樣，已經直接面對客戶許多年了，你們一定都會同意我這麼說，客戶健康的變化就像芝加哥的天氣一樣快速，這一分鐘還是晴朗溫暖，下一分鐘就颳起風，雨水也斜斜落下。某位客戶或許會很滿意你的應用程式，用你想要的各種方式來使用，然後你推出一項新產品，破壞了某項重要功能，讓客戶在升級產品時遇到麻煩。昨天，他們可能還是很棒的推薦人，今天就沒那麼好了，而到了下一週，因為你閃電般回應了他們的挑戰，並盡最大努力協助他們克服困難，所以或許又會回復到好心情，甚至還更好。了解客戶健康是這樣的正弦曲線實在很重要，因為這樣你就能在高峰期時得利，在低谷時進行干預。

高接觸

面對高接觸客戶時，我們利用他們心滿意足的時光並在低谷時介入，這兩件事情通常都是在一對一的情境下發生。這是高接觸模式的本質，也讓這套模式更容易理解（只是不一定好執行）。如果我是某位會員的 CSM，大概會直接打電話問他們是否願意推薦我們的產品，最不好的狀況是我會寄一封個人電子郵件。在低谷時期也是類似的狀況，我大概一定會安排好電話聯

絡，帶領客戶一步步檢視並了解他們的困難。但是不要忘了，即使是在高接觸模式中，你也可以利用幾種科技接觸的流程，例如就算是我的高接觸客戶，他們收到一封自動寄發的電子郵件，讀起來就像是直接由我發送的，請他們做產品評論並提供連結網址，讓他們可以直接進入評論網頁，這感覺也不會太差。事實上，透過電子郵件來做這件事對我和我的客戶顯然都更有效率，因為我直接附上了想要他們造訪的網頁連結。另外，只要有適合的工具，我能夠讓這封郵件只自動發送給那些尚未評論的客戶、給健康分數比八十五分再多一點的客戶，而且只有在他們沒有正在處理中的支援需求時才發送。要維持我與客戶的高接觸關係，在他們完成了評論後，我或許會親自致電去感謝他們，又或者是寄出固定格式的電子郵件去道謝。

低接觸

　　還記得我們用過**及時**一詞嗎？這條法則應用在低接觸階層的客戶時，最適合將及時客戶成功學付諸實行。從定義上而言，你沒有錢定期打電話給這些客戶或者進行 QBRs，也就必須要接受只能定期安排少數幾個接觸點，而大多數接觸點只有在適當時機才會啟動。我在前面提過關於要請客戶做產品評論的情境，正好適合用來做例子，也完全可以應用在三種階層上。從負面來說，就說我們定期針對客戶做調查，而其中一次所收到的客戶滿意度分數卻低於平均值，我或許會運用這次機會來介入與客戶的關係，透過一通電話了解細節及後續行動，又或者我只會在該名客戶的健康分數也低於七十的時候才會介入。過段時間以後，你會越來越知道何時該介入，以及每種情況中又應該期待什麼結果。你會透過轉述和八卦獲取資訊，但若是你擁有足夠的數據，也可以運用資料科學來幫助你修正自己介入的原因與時機。

科技接觸

　　因為科技接觸基本上是免費的，很容易就會做得過火，我們所有人都讓太多的電子郵件壓得喘不過氣，這是我們能夠隨意應用的神奇工具，顯然也會遭到濫用。因為對這層客戶來說，這是互動的主要工具，也就更容易有濫用的問題，但是我們可以倚賴一個現實問題來減輕這種風險。如果你寄給某客戶的每一封自動寄發電子郵件，看起來都像是他的客戶成功團隊或者他的**個人成功助理**所寄出，並且包含了非常個人化、及時而相關的資訊，這樣的信件永遠不會被視為垃圾郵件，也永遠不會嫌多。

　　如果你不斷監控並管理客戶健康，那麼你跟客戶的科技接觸互動都會有這樣的味道，客戶通常會張開雙臂接受。但是最為關鍵的重點是要追蹤可發送率、開啟率、閱讀率等等，才能判斷這點是否真的正確，還是趨勢正往錯誤的方向發展。

　　客戶健康是你預測未來客戶行為的關鍵要素，要不斷努力追求，並在所有客戶身上有效運用。

第 9 章

法則5：你再也無法透過私人交情來建立忠誠度

作者：

伯尼‧卡薩（Bernie Kassar），Mixpanel 客戶成功暨服務資深副理

相關性

	低	中	高
B2B 的 SaaS	★	★	★
訂閱模式	★	★	★
按次付費	★	★	★
B2C	★	★	★
傳統	★	★	

執行摘要

今日的賣家明白他們需要有系統地創造出讓他們能夠與客戶互動的程序，大多數都會需要處理一個問題：如何能夠以容易上手的科技來服務最多數的客戶，同時還能降低建立關係對人力資本密集的需求。這些多數的客戶通常在每年一定會花費的數字上都是價值較低的，但他們對整體成長相當重要。這並不是說你要消除與客戶建立私人關係的需求，指的是需要根據各種客戶團體性質的不同發展出不同程序，要做到這點又不能失去客戶和賣家之間的強烈連結，因為這股連結最終能培養出忠誠度，還能將客戶與賣家的關係轉變為共同的合夥關係。

根據你的產品與服務不同，就需要決定如何創造出能夠與你公司發展連結的客戶體驗，只要規劃出大概後，你的客戶成功團隊與行動就必須理解、驅動、不斷修正這樣的客戶體驗。不過，客戶體驗一定是公司的優先要務，不能只是藉由與客戶或甚至只和單一部門建立的個人關係來達成。能夠讓你和客戶緊密連結在一起的客戶體驗，必須在初始的銷售循環就啟動（可以是和你的網站或者真人互動），然後進展到培訓、產品品質、支援和解決方案的採用，同時要強力聚焦在兩個團體及你的客戶社群之間的溝通。

這些聽起來雖然都像是常見的商業手段，大部分公司卻都沒有連貫的計畫（關鍵字是連貫）帶給客戶最佳體驗。一家公司有了囊括組織上下的客戶體驗藍圖，還有客戶成功團隊來推動這個流程，現在就有了數據點來推動改變，並有助於和各個客戶發展出更強健的關係。以數據來做決策能夠讓公司執行各種改變，包括網站設計與流量、更為直覺性的產品設計，以及為了特定客戶組織類型而量身打造的新客戶成功計畫，同時還能讓你將昂貴的一對一真人互動重新導向到高價值的客戶身上。

只有客戶群成長，公司才能成長，對大部分公司而言，這代表由**低價值**客戶所形成的長尾巴，加總起來他們通常十分有價值，但個別來看，每一位客戶其實都不夠大或者發展不夠有策略性，不值得對他們用上尊榮待遇，這些客戶就會落在你的客戶分級金字塔中，標有**低接觸**或**科技接觸**的再下面一層，你必須想想要如何將愛與價值帶給這些客戶，卻又不必進行太多一對一互動。這麼做會帶出你產品以及公司中最好以及最壞的一面，同時你會從客戶在你的產品中所得到的價值知道客戶是否會保持忠誠，而不是他們與某個人的關係有多好。

隨著 SaaS 服務配送模式的出現，部門主管如今有更多權力能夠透過各種不同的解決方案來提高商業價值。如今要配送與維護商業應用程式已經不再那麼依賴 IT 建設，就為各種規模大小的公司敞開大門，能夠評估並投資

解決方案來改善部門的生產力和效率。這樣的進化讓客戶及賣家能夠雙贏，卻也需要另找方法來管理客戶關係。

　　早先，賣家透過一對一關係來服務客戶，可能是由原先的業務員或者是另外一群會員管理員來維持，如果你的客戶在你身上花了一大筆錢，而你的公司又能負擔這套模式的高成本結構，這套模式運作就沒有問題。但是，如今販賣解決方案的賣家急速成長的方法是先賣給較小的公司，然後再一步步往收益鏈上爬，面對越來越大的客戶，要一直到賣家已經達到一定的成熟點並開始賣出大型的年度經常性收入交易，傳統的客戶關係模式才會有用。有幾個 SaaS 賣家已經開始使用這套銷售模式，包括知名業者如 DocuSign、Cornerstone OnDemand、Marketo、Salesforce.com、SuccessFactors/SAP 和 Xactly，而比較新進的玩家像是 Gainsight、Mixpanel 和 Zenefits，則是最近才出場。接受過檢驗的玩家已經在自己的一方天地中確立了領頭羊的地位，他們擁有傑出的產品，並且著重於客戶成功行動，視為最優先要務。他們能夠早早獲得成功是因為頂線收益的巨幅成長，不過若是要維持長期的成長，所有公司都必須聚焦在新進生意以及客戶留存率。只要應用下列說明的原則與流程，你就能夠更進一步並改善你的客戶成功行動，重點就在於為你的公司和你的客戶之間建立更強韌的關係。

- 選擇對公司有用的特定標準來分類客戶。
- 根據你的分類來定義客戶覆蓋模型（coverage model）。
- 根據你的覆蓋模型來創造客戶互動類別。
- 建立與客戶互動的規律。
- 建立強大而忠誠的社群來協助連結你的客戶。
- 創造顧客意見回饋迴路。

選擇對公司有用的特定標準來分類客戶

每位賣家都有一個目標市場，根據其解決方案（可能不只一種）的性質，焦點可能是百分之百都放在特定類別上，針對中小企業（例如雲端軟體Zoho 或客戶服務軟體 Zendesk）或者只賣給企業（例如 Workday），或者是適用性橫跨各種類別的解決方案，包括有 B2B 及 B2C 公司的解決方案（像是 LinkedIn 就有針對人力招募部門的方案，也有為了個別客戶的高級會員方案）。不管你服務的是哪個市場，你都必須依照客戶類型來分類收益流，這樣的分類過程讓你能夠決定最有效率的覆蓋模型，然後就能驅動你的參與模型（engagement model）。大多數經常性收入企業都會根據 ARR 或其他類似衡量標準來分類 B2B 客戶，能夠根據規模或潛在機會撈起一把客戶（各家公司會有不同的分類方法）。將客戶分門別類後，你就能理解個別獨立團體處在分類中的片段會有什麼表現，分析了這些片段後，就可以用新的角度來檢視各分類的重要趨勢。你或許會發現，自己較大的客戶通常比較會在他們到達特定里程碑後延展合約，而較小的客戶則是流失機率更高，但要是你能讓他們早早獲得成功，他們就會傾向購買更多解決方案或授權。適當的分類並分析趨勢能讓你因應結果來調整客戶關係策略。

根據你的分類來定義客戶覆蓋模型

要定義出客戶覆蓋模型並非一體適用，依據你所提供的解決方案不同、公司的成熟程度，覆蓋模型也會隨著時間演進。如果你的公司還處在新創早期，可能會要求客戶成功團隊必須身兼多職，負責培訓、訓練、支援及合約延展，而隨著公司成熟，你自然就會開始開創特定的部門來負責各項功能。

只要公司夠大，可以專門成立客戶成功團隊，就會需要決定自己的覆蓋模型。做為一家公司，如果你的商業性質不適合打造客戶成功組織，你還是可以透過科技接觸模式來應用客戶成功原則。這個流程的第一步就是定義

有多少會員是落在以下幾種互動類別中：高接觸、低接觸，以及科技接觸（參見下一節的指導原則：「根據你的覆蓋模型來創造客戶互動類別」）。有個方法有助於你了解自己的分類（如果你用 ARR 做為標準），那就是分析你收益中的 80％是來自於哪裡，藉此檢視何時會運用到帕拉托最優原則（Pareto principle），根據這項發現就可以開始判斷有多少會員是你想用高接觸、低接觸 CSM 及計畫來管理。確立了會員分類之後，就能更簡單決定每位 CSM 可以好好管理的會員有多少。根據你解決方案的複雜程度以及客戶願意付出多少，單一位 CSM 能夠管理的高接觸會員數量可以從五位至十五位不等，而低接觸 CSM 或許可以管理二十至五十位會員，甚至更多。每家公司的情況都大不相同，影響因素有好幾個，例如提供給高接觸會員的指導原則是用在服務多個部門的複雜方案，或者是服務一整家 ARR 很高的公司，可能是五十萬美元以上。這項練習的重點應該是要投資多少，才能保護你最有價值的客戶目前提供給你的收益流（以及潛在的向上成長）。

根據你的覆蓋模型來創造客戶互動類別

焦點已經從一對一關係轉移到一對多關係，做為一個服務更多類型客戶的賣家，你需要建立起多種客戶參與計畫，這些計畫應該要提供管道讓客戶覺得自己跟你的公司有所連結，而且還應該教導客戶產品的特性與功能，不過更重要的是讓他們學會典範實務，目標則是提升整體採用程度。依據你如何分類自己的客戶，下列的指導原則能幫你決定如何、何時與客戶互動。

高接觸

- 一季內進行多次面對面會議（視每位客戶的判斷決定）
- QBR 會議
- 打造出成功計畫的藍圖

- 與主管級人員進行一對一會議（可能不只一次）

低接觸
- 每一季有一次面對面會議（或者視需求而定）
- 著重於每個月至少一次高價值會議，可以是線上或視訊會議
- 與主管級人員進行一對一會議

科技接觸
- 針對產品採用進行網路研討會形式的一對多客戶會議
- 每月或每季發送電子報
- 依數據而發送的電子郵件行銷
- 隨選隨看的訓練及指導
- 社群入口

　　這些是幾項建議的指導原則，但是還需要根據客戶檔案的健康狀況來個別判斷，才知道 CSM 應該把時間與心力花在什麼地方。每家公司都需要定義出高接觸、低接觸與科技接觸的互動應該是什麼樣子，依據你的客戶組成與花費，你的高接觸互動很可能並不適合面對面會議與一對一的主管互動，這樣也沒關係。例如你銷售的對象是中小企業市場，或許會考慮跟許多客戶進行一次主管互動，可以透過地區性的主管圓桌會議來完成這類經驗。關鍵就在於針對現有客戶群所重視的分類進行個別不同的互動，並為各類別付出適當程度的注意力。

建立與客戶互動的規律
　　現在你已經根據適合各個客戶的**接觸**類別來分類客戶，就該把這些互動

整合進更大的溝通／關係策略，目標應該是透過宏觀溝通策略（公司及產品電子報、地區使用者團體、年度客戶使用者研討會等等）至少每個月跟客戶互動一次。宏觀溝通策略應該專注所有客戶（各類別的內容可能不同），不過對所有人的傳達媒介都一樣。在你建立起當年度的宏觀溝通策略之後，客戶成功主管及 CSM 就能根據客戶檔案，分別進行不同的「接觸」互動。

現在你已經建立了宏觀溝通策略以及參與模型，就應該規劃出整年的計畫。建立起宏觀溝通行事曆，你的組織與個別 CSM 就能更清楚知道，「接觸」計畫的互動該有多頻繁。

建立強大而忠誠的社群來協助連結你的客戶

建立起你的客戶成功覆蓋模型、宏觀溝通策略以及互動頻率後，在公司與客戶保持連結的計畫中，你已經完成了絕大部分。這份計畫應該能夠讓你的兩個團體有互動關係，但是在如今客戶高度連結的世界裡（例如 LinkedIn、推特、臉書等社群媒體），你需要提供論壇讓客戶能夠跟彼此互動，這件事不管有沒有你都會發生，所以最好讓你的客戶可以更輕鬆就能碰面、合作並分享他們的經驗。這可以透過像是客戶社群入口的電子途徑進行，或者你的公司或合作夥伴生態系統可以贊助地區性使用者團體、面談或研討會這類高接觸聚會。接受了客戶社群的存在並積極為客戶社群規劃策略，你就提供了一個平台讓使用者能夠來往、交流知識，最終能因為你的培養而建立關係。大部分公司都信任客戶社群，這不是新的概念，不過積極規劃出你想讓客戶在社群內學到什麼經驗，就可能扭轉戰局。你的客戶肯定是你最佳的行銷及潛在客戶來源工具，你可以滔滔不絕大讚自己的公司與產品說到太陽下山，但只要你的客戶幫你說句好話，就會成為你的**公司成功專員**（company success agent），他們談起自己的成功能夠更快吸引更多使用者。這些公司成功專員能幫其他客戶變得更強，同時還能將你公司的價值主張傳

達給目前及未來的客戶，這個角色會變得跟你的 CSM 一樣珍貴（可能還更珍貴）。不過這就像是第二十二條軍規：你需要一家願意投資建立客戶成功倡議的公司，而且／或者有 CSM 能創造出公司成功專員這一新類別。

創造顧客意見回饋迴路

要建立並培養穩健的客戶關係及忠誠度，你需要創造意見回饋的迴路。這個策略可以透過意見調查、電子意見信箱、客戶焦點團體、一對一會議或者客戶諮詢委員來進行，這些機制你可以擇一或者全部採用，不過基本上就是你的客戶需要管道來表達意見，針對你的產品策略、品質、客戶支援、銷售支持計畫、公司遠景，或者就只是提供一般回饋。

這樣的回饋對你公司的未來成功相當重要，而且應當能夠幫助你推動目前及未來的倡議，能夠傾聽客戶的公司會獲得更多絕佳產品的點子，有助於產品採用，並能發展出更強的忠誠度。你需要著重不同目標，提供多個溝通管道，這些目標應該包括各種主題的回饋，從針對特定產品及服務傳達到你公司的策略及未來計畫等等。總而言之，你的客戶就是能夠刺激你成長、為你製造收益的人，讓他們在會議桌上占有一席之似乎很合理，而大多數時候，最成功的 SaaS 公司都會讓客戶有機會坐在會議桌的主位。

到了這一步你大概已經了解，溝通就是與客戶建立有效關係的關鍵元素，要強化客戶關係並且在經常性收入企業的新時代中建立忠誠度，你的溝通作為要遵循三項基本原則：（1）經常溝通、（2）設定清楚的期望，以及（3）盡量透明。做為賣家，你現在已經肩負起責任，要提供能夠創造商業價值的高品質產品，同時也要負責產品的可行性，這在過去通常是由公司內部的 IT 團隊處理，包括應用程式可用性以及運行時間、性能監控，以及交付容易使用的產品，具備相關而適時的新功能以及漏洞修補。

對大多數賣家而言，只經手幾百萬美元的交易然後投入人力負責會員管

理的客戶關係區塊，這樣的日子老早就過去了，現今的世界裡，我們對大多數客戶都無法負擔那種等級的接觸。但這其實是件好事：從 SaaS 到訂閱經濟模式，到按次付費，甚至到 B2C，所有賣家現在都有能力（只要他想要）接觸到各種類型的客戶，從小到大都有。但是這些交易的經濟規模有很大差異，這就是你要面對的挑戰了，你所建立的客戶成功策略必須反映出你從客戶所獲取的價值，反之亦然，這些倡議仍會包含一些針對高價值客戶的會員管理，不過其他的客戶成功計畫則必須處理大部分的現有客戶，在有效利用成本的條件下創造價值。

只要是發展成功的客戶成功核心公司，堅固的客戶關係和忠誠度就是其命脈，亮眼的合約延展率以及傑出的客戶滿意度分數之間的相關性，都要看你的客戶體驗而定，這段關係已經不再是由個人主導，而是交在更大的組織手上。現在你的整家公司都必須為了讓你和客戶之間建立關係而出力，這段關係如今是以你所設計、打造、行銷、交付和服務的產品來定義。你可以根據前述的變數重新思考自己如何與客戶建立關係，那麼你就有能力與公司內相應的組織共同計畫與合作，為你所有的客戶成功倡議提供內容及價值。

補充評論

B2B 世界的客戶關係已經徹底改變，還不是很久以前，在過去那段企業軟體當道的日子裡，跟每一位客戶的每一段關係都是私人的、個人化的，沒有什麼所謂的電子郵件行銷或社群，甚至大都也沒有網路研討會，一切都是要跟每位客戶建立私人關係，而這些私人關係就是客戶會對賣家忠誠的主要原因。確實，如果賣家的產品其實無法達到承諾的功能，賣家也生存不了多久，不過通常還是由銷售業務以及／或者客戶經理所建立的這些私人關係才讓客戶表現忠誠。關係良好能夠讓客戶為賣家背書，然後就能帶來更多人購買，銷售技巧及產品功能也很重要，可是人的部分才是關鍵。

　　我們在第一章已經解釋過，我們稱之為 SaaS 的交付模式開始改變了這道算式，因為這麼做可以將任何產品的市場拓展到那些可能付不起幾百萬美元、但還可以接受每年付 45,000 美元的客戶，而過段時間之後，價格點下降再下降，有些是大型的 B2B 產品還有全部的 B2C 產品，取得成本變得超級低廉，通常在一開始可以免費取得（例如 Dropbox 的 5GB 儲存空間）。這改變了透過建立關係以促進忠誠度的概念，如今這樣的機會只存在於某些高價格點的公司，或者是其他大多數公司中最高階的客戶，因此挑戰就在於不建立私人關係也能提升忠誠度。

高接觸

　　這條法則其實就大多數情況來說並不適用於這一層客戶。就定義上而言，關係就是要跟高接觸客戶一起建立，在許多方面看來跟過去企業軟體時代並無差別，因此 1990 年代的客戶經理都能輕鬆轉換成 2000 年代的高接觸客戶成功經理。在管理高接觸 SaaS 客戶時，有許多元素都跟企業軟體相當不同，例如無法客製化（配置可以，但客製化不行），不能像前一代軟體常見那樣，將解決方案設計成客戶需要的樣子，但是算式中的關係區塊大部分還是一樣。話說回來，你在科技接觸路線上所學到並修正的事幾乎都可以應用在最高階客戶上，這或許不會改變私人關係的價值，可是將一些來往自動化、好將一對一交流的時間運用在更有策略性的討論，這麼做也沒有錯。

低接觸

　　這個階層就是這條法則開始有用的時候了。我們已經討論過許多次，以一對多方式接觸客戶，這種需求已經是大部分產品賣家要成功最重要的事，及時客戶成功模式就是為了這個目的而設計的，在最小限度的個人交流前提下達到成功。雖然這個階層的客戶可能也會有指派的 CSM，甚至認識這位

CSM，不過要利用這段關係來促進忠誠度並不容易，因為這位 CSM 通常會管理許多位客戶，而有許多接觸點都必須自動化。

科技接觸

這組客戶最能夠示範為什麼我們的清單上要有這條法則。如果你身為賣家，某些客戶所付給你的錢不足以讓你獲利而能夠提供任何形式的一對一接觸，這個時候忠誠度顯然是以其他方式才能獲得。一個方法是透過你所有的一對多工具來達成客戶成功實務，幸好你手邊有許多可用之兵，如下列：

- 電子郵件
- 網路研討會
- 社群
- 使用者團體
- 事件

而在所有能夠建立忠誠度的一對多管道中，最為重要的相當微妙，我們在下一章會討論。

最重要的是，以客戶成功為核心的公司要能夠在不建立私人關係的情況下，以最高明的手段為客戶創造成功。對於大型 B2B 公司以及所有 B2C 公司來說，他們別無選擇。這個世界還有很多未經探索之地，但很快就會成熟，因為你絕對會需要在成熟的世界營運公司，到最後你必須學會以建立價值來取勝，而非建立關係。

第 10 章

法則6：你只能靠產品擴大與其他人的差別

作者：

克絲汀·瑪斯·赫維（Kirsten Maas Helvey），Cornerstone 客戶成功資深副理

相關性

	低	中	高
B2B 的 SaaS	★	★	★
訂閱模式	★	★	★
按次付費	★	★	★
B2C	★	★	★
傳統	★	★	★

執行摘要

　　客戶留存率、客戶滿意度以及擴大支援與服務組織的關鍵，就在於設計良好的產品再加上同類型中最佳客戶體驗。消費性電子科技已經改變了我們工作的方式以及客戶的期望，為了確保你能創造出符合客戶需求與期望的產品，就要創立客戶體驗團隊，專門負責在客戶參與框架中打造我們的計畫，這套框架能夠推動客戶間的社群、鼓勵各個階層與角色的現有客戶參與，並提供清楚的意見回饋迴路，能夠提醒產品的改進。

　　產品諮詢委員會（product advisory council，縮寫 PAC）以及實務社群（community of practice，縮寫 COP）在功能性的業務流程領域都是很有用

的計畫，客戶體驗團隊可以運用這些來推動各項功能的不斷改善、改善客戶體驗，並直接影響產品設計。PAC 和 COP 都能提供資訊給軟體生命週期發展流程，透過產品特色來傳達商業價值，這對打造出同類型產品最佳條件相當重要，容易使用的產品以及成為人們業務上不可或缺的工具，就能創造出快樂而忠誠的客戶。

CSM 通常每天工作十二個小時，頂著大太陽處理客戶以及內部同事的每個問題，即使問題與 CSM 的職責無關也照做不誤，他們會一次搞定，一整天處理客戶的挑戰和疑問，天天如此。就算 CSM 在跟快樂的客戶講話，通常也是為了讓他們試用新功能、鼓勵更多人使用產品、衡量投資報酬率等等，以創造更多價值。CSM 的優先要務通常著重於：

- 促使客戶採用你的產品，提高價值
- 解決不滿意的根本原因，例如處理客戶生命週期及支援功能中的各種問題
- 確保你的產品是同類型中最佳

到頭來，客戶留存率、客戶滿意度以及擴大支援與服務組織的關鍵，就是設計良好的產品，或是結合了同類型中最佳客戶體驗的解決方案。

為了確保你所製造的產品能夠符合客戶的需求，就要成立客戶體驗團隊，專注在客戶參與框架下規劃計畫，這套框架的設計目的是推動客戶間的社群、鼓勵各個階層與角色的現有客戶參與，並提供清楚的意見回饋迴路，讓 CSM 知道何為優先要務，而這套框架也讓客戶能夠知道你是有組織地來進行客戶成功管理。每一項計畫都應該有設定的目標以及判斷成功與否的關鍵標準（參見圖 10.1）。

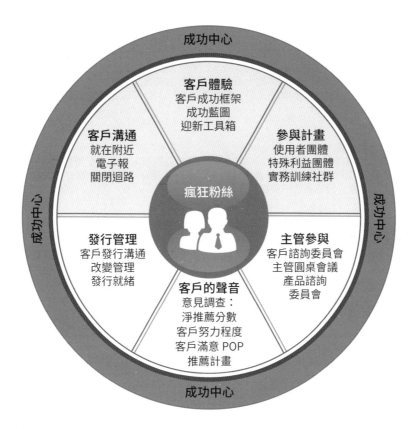

圖 10.1　推動社群、參與和意見回饋迴路

　　標準和分析能夠產生可據之行動的見解，有助於推動 CSM 的優先要務或者科技接觸客戶成功實務，如果你有一套清楚的衡量流程，並著重在關鍵標準上，例如客戶滿意度、淨推薦分數以及客戶努力程度分數（參見圖10.2），你就能夠清楚定義出什麼會帶動滿意度、什麼會帶動不滿意度。

　　客戶不滿意度的主要根源通常都是產品，簡單來說，你的產品越難用，就越難幫助客戶成功。我們生產產品來解決公司營運問題，但是對於一家以客戶成功為核心的公司，目標是要幫助我們的客戶從這些產品中創造價值。製造出很棒的產品，將設計放在最顯眼、最核心的位置，能夠讓客戶體驗中

客戶滿意度（Customer Satisfaction，縮寫 CSAT）
客戶（或整體）滿意度大都是以 5 分制的量表來評量，但可能各有不同（關鍵是能夠和歷史數據做基準對比）。交易調查和關係調查都可以使用。

淨推薦分數（Net Promoter Score，縮寫 NPS）
透過願意推薦產品來評估忠誠度，而非滿意度。一定會使用評分從 0 至 10 分的 11 分制量表，分數的計算方式是從 9 至 10 分的占比減去 0 至 6 分的占比，主要用在關係調查。

客戶努力程度分數（Customer Effort Level Score，縮寫 CES）
這是一種相對較新的標準，用來評估客戶跟一家公司做生意的輕鬆程度，以從非常不同意至非常同意的 7 分制量表來衡量，需要追蹤的是在處理問題是否容易，有多少比例的作答者認為至少「還算同意」，主要用在交易調查。

圖 10.2　你無法管理那些無法評量的東西

的其他事情都更容易運作，更容易提供服務及支援，你也更容易幫助客戶創造價值。

　　專注在讓產品更符合直覺，如果你的客戶討論總是圍繞著功能性、如何使用現有的功能，那你便是錯失了能夠帶動加值活動的機會。如果某人必須花很多時間去理解產品，就比較沒有吸引力，人們就不會想使用。首先，觀察人們在每天日常生活中習慣如何跟自己最喜愛的應用程式互動，收集線索，自己要設身處地。

　　例如，人們搜尋資訊以及搜尋結果的呈現方式是有慣例的，我們已經習以為常，知道自己可以輕鬆查詢任何東西，也不必太努力去做。拿出搜尋資訊豐富的功能，這樣使用者就能隨時隨地找到他們想找的東西，也能看到自己習慣的結果呈現。

　　另外，人們想要在出現問題時，自己有能力理解根源並修理好，在產品中內建自我診斷工具可以幫助使用者自己找到答案，並引導他們去做需要做的事情。要知道，消費性電子科技已經改變了工作的方式，我們不再受限於辦公桌前使用單一台個人電腦，而會使用各式各樣的設備把工作做好。你的產品設計必須支援在移動裝置上快速獲取資訊以及能夠輕鬆執行的活動，這項裝置可能是智慧型手機、平板電腦，或甚至是手錶。

　　要確定意見回饋都能傳回到產品及其他銷售、服務和客戶支援等團隊，最好的方法就是為顧客的聲音清楚制定出意見回饋迴路。PAC 和 COP 在功能性的業務流程領域都是很有用的計畫，可以用來推動各項功能的不斷改善、改善客戶體驗，並直接影響產品設計。

　　PAC 提供了一個結構分明、互動式的平台，讓客戶能夠參與你公司的產品管理團隊，提供他們的意見回饋並影響未來的產品方向。PAC 的重點應該是——

- 幫助你定義產品的視野與策略，了解你的客戶如今以及未來所面對的實際營運問題
- 討論你的客戶如何看待你的產品解決問題的方法
- 考慮到客戶所看見的市場和科技趨勢，以及或許會造成什麼影響
- 幫助你在策略層面上擬定功能優先性

PAC 應該由產品管理團隊主導（參見圖 10.3）。

　　PAC 成員的角色與職責應該要有清楚說明，成員的標準也要很確定，畢竟這些成員要代表廣大的現有客戶群。例如，客戶責任可能包括：

- 積極參與 PAC 會議與討論，著重於策略性的商業驅動力

- 代表同儕以及廣大現有客戶來參與並行動
- 對於現有及未來的產品路線圖保持高度熟悉
- 參與針對某專案的設計發想與預先檢視
- 參加推薦計畫，並與客戶或針對要求的可能性交流正面意見

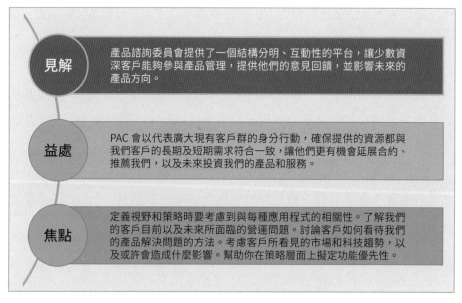

見解　產品諮詢委員會提供了一個結構分明、互動性的平台，讓少數資深客戶能夠參與產品管理，提供他們的意見回饋，並影響未來的產品方向。

益處　PAC 會以代表廣大現有客戶群的身分行動，確保提供的資源都與我們客戶的長期及短期需求符合一致，讓他們更有機會延展合約、推薦我們，以及未來投資我們的產品和服務。

焦點　定義視野和策略時要考慮到與每種應用程式的相關性。了解我們的客戶目前以及未來所面臨的營運問題。討論客戶如何看待我們的產品解決問題的方法。考慮客戶所看見的市場和科技趨勢，以及或許會造成什麼影響。幫助你在策略層面上擬定功能優先性。

圖 10.3　為什麼要有產品諮詢委員會

例如，PAC 成員標準可以包括：

- 資深領導者或者主管階層的參與，能夠推動策略性產品視野
- PAC 成員要完成 PAC 申請
- 成員要承諾在一整年當中積極參與 PAC
- 成員要承諾在一整年中參加五次會議：
  - ◆ 三次季度路線圖檢視及優先性會議
  - ◆ 兩次功能需求優先性會議（由 PAC 成員或指派代表）

- 成員不能指派代表參加季度路線圖檢視的職責以及優先性會議
- 成員要參加推薦計畫，並與客戶或針對要求的可能性交流正面意見

　　要確保 PAC 為你的公司以及客戶帶來價值，關鍵就在於建立清楚的架構及規律，你必須不斷對 PAC 以及廣大客戶群強調他們對產品設計和路線圖的影響力，讓客戶能夠定期發聲。有個做法相當好，就是每一季寄發通訊刊物，分享因客戶要求而做的產品改變，還有你回應客戶意見回饋所做的公司及工作流程改進。

　　COP 的運作跟 PAC 很類似，但其實是做為一個論壇，討論與特定產品相關的工作流程、實務和挑戰。COP 提供了一個協作論壇，客戶可以跟其他來自各行各業的同伴連結，通常會組成比 PAC 更大的團體。

　　PAC 和 COP 都能提供資訊給軟體生命週期發展流程，透過產品特色來傳達商業價值，發展團隊應該要根據你的商業領域而有清楚的商業價值模型，才能用來評估新性能。在客戶計畫中與產品管理及產品發展合作，對於打造同類型中最佳產品至為關鍵（參見圖 10.4）。

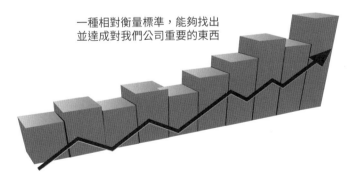

一種相對衡量標準，能夠找出
並達成對我們公司重要的東西

圖 10.4　商業價值

　　客戶計畫是最能夠確保產品為優先要務的方法，確定你的產品符合客戶及市場的需求，就如同客戶的意見回饋也是客戶成功學中非常重要的組織重

點。公司文化必須將客戶成功學嵌入核心，必須從高層開始往下傳遞，從執行長和高階主管開始執行。公司裡的每個人都因為兩件事才有工作：產品和客戶，公司文化必須努力讓這兩件事都成為優先。你必須把你的客戶變成瘋狂粉絲，創造出一套共同的信念來形容你的客戶焦點，確保你公司的目標中有一項是把焦點放在客戶身上，然後公司裡的每個部門都應該有與客戶一致的目標。公司應該定義出客戶成功框架，能夠清楚描繪出客戶歷程以及歷程的模樣，員工需要有討論的論壇才能將意見回饋給所有部門，尤其是產品管理（參見圖 10.5）。

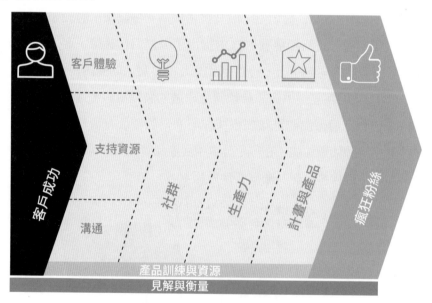

圖 10.5　客戶成功框架

　　站在第一線的員工也和客戶一樣，尤其如果他們是你產品的真實用戶，他們就需要能夠發送針對產品各面向的意見回饋。要獲得回饋最好的方法，就是使用類似於客戶使用的框架，並定義出專給員工使用的清楚管道，能夠發送並討論產品和流程強化的問題。員工是重要的資訊來源，能夠讓你的產品成為同類型中最佳，銷售、執行和客戶支援等資訊能夠提供整體的觀點，

知道什麼有用、什麼沒有用。

　　若是要獲取新鮮的觀點，有個很棒的方法是收集新進員工對產品以及跟產品相關的流程有什麼意見，將之做為員工培訓的重要部分。讓新進員工有機會學習產品，然後提供對產品及流程負責人的回饋，包括銷售、執行以及客戶支援。一定要試著讓員工從客戶的角度思考，你最好的推薦人就是使用自己的產品。

　　客戶成功學的重點是幫助人們透過產品獲取成果及投資報酬率，好的設計讓這個重點可以放在加值活動上，而非功能性。產品若是變得太過複雜而不好管理、執行、使用，客戶就有可能因為不重視而捨棄。客戶成功團隊每天都跟客戶互動，非常熟悉他們如何使用你的產品，因此必須在他們與產品團隊之間建立意見回饋迴路。

　　現在的轉換成本比以前要低太多了，做為賣家，你所擁有的就只有產品的品質與功能，再加上你加諸在產品周邊的服務與支援提供，而有了容易使用的超棒產品就會有客戶支持。許多賣家焦急地想做出「有的話也很好」、前衛的功能，但是通常客戶的內部流程還不夠成熟，無法利用這樣的功能。產品本身必須提供跑道，讓流程能夠在適應進階功能後改變，容易使用的產品就是最基本的，讓客戶能準備好接受進階功能，一定要為互不相通的雙方架起橋梁。

　　如果你有一項產品是人們做生意時不可或缺又容易使用，你的客戶就會快樂又忠誠，能獲得價值；反之，他們就會另尋他法。

　　設計良好的產品能夠自給自足又能傳達價值，這是客戶成功學的關鍵，不只能夠建立忠誠度，還能讓你的團隊和客戶進行更多有意義的討論，並促進未來成長。

補充評論

你整間公司裡唯一真正能夠擴展的部分就是你的產品，確實，每家公司的每個部分都能變得更有效率、更有發展性，但是對於你所製造的每項產品，你都有機會只要製造一次就讓百萬名使用者使用百萬次。「一次製造，多次達標」，如果你能做到這個程度，那就是獲益的配方。這樣想吧，如果你做出了完美的產品（我是說在各方面都真的完美），在你公司中有多少人會是沒有必要存在的？在一般的公司裡，你可以捨棄掉執行下列任何工作的團隊：

- 服務開通
- 執行啟用
- 訓練
- 客戶支援
- 客戶成功
- 營運
- 專業服務（至少是大部分）
- 合約延展

也就是說，你甚至不會有**售後**的概念，唯一能夠讓售後發生的原因，是有幾百萬名客戶使用並喜愛你的產品，他們想要找方法去告訴全世界的人。

B2C世界一直都是憑藉這項事實在運作，尤其在他們的應用程式跑到手機上的時候。看看谷歌和臉書就是最完美的例子，沒有人會奉命來幫助你安裝並開始使用臉書，或者在你第一次使用谷歌搜尋時握著你的手。沒有必要這麼做，這些產品就是這麼漂亮、簡單、直覺又有魅力，因為產品提供了極大價值。對谷歌和臉書而言，轉移到手機上絕對會提高容易使用的門檻（是

說也沒什麼會比空白搜尋欄位更簡單），不過因為大部分使用者第一次使用他們的產品都是在電腦上，所以能從中得益。只是有些公司的第一次、也是唯一的產品管道就是移動裝置，對他們而言挑戰難度就高很多了，有幾百家已經想通了，還有幾千家也會想通的。

　　要讓你公司上下各部門都把你的產品視為第一優先要務，主要原因在於如果你想要擁有空前的成功，**這就是唯一的途徑**。成熟而成功的公司通常會創造出一種比公司文化更遠大一點的形象，蘋果公司的形象就是製造美麗又優雅的產品，捷步購物網站的形象則是提供最終極的客戶支援／客戶體驗，沃爾瑪的形象是價值與便利性。但是這些公司的成功都和創造出他們市場上最佳產品有關，有人可能會說這是雞生蛋的詭辯，捷步能成為網路最大的鞋子賣家，是因為他們的客戶支援嗎？或者說他們的客戶支援其實是產品的一部分？到頭來，這樣的討論其實都不重要。基本的底線是：每個市場上最大的賣家都是製造出最佳產品的賣家，如果賣家說服了全世界（或他們的市場），最佳產品不只是你所觸摸到、使用到的東西，還有周邊的服務與支援，他們就會更有力量。最好的公司能好好做到這一點，但最重要的是，最好的公司也理所當然製造出最好的產品。如果你無法將產品擺在第一優先，即使加入客戶成功運動在長期看來也會是毫無成果。

高接觸

　　如果公司的主要客戶成功模型是高接觸模型，或者擁有一層高接觸客戶，要把焦點放在產品上的關鍵就是溝通，尤其是你的客戶成功團隊及產品團隊之間的溝通。在這個情況下，CSM 站在前線，他們比公司裡任何其他人都更知道客戶是如何使用產品，或者希望如何使用產品。對公司有益的想法是把他們看成實地產品管理員來接受這項事實，而這一切知識只有在從 CSM 傳達給產品專員（Product Manager，縮寫 PM）時，才能實現價值。做

為一家公司，你必須設計流程以確保這件事能夠發生。如果我手下有四十名 CSM，我告訴他們產品是第一要務，就算他們一天要花十二個小時協助解決客戶的困難，那麼我最好建立起溝通流程，讓他們可以輕鬆跟 PM 團隊分享他們客戶的經驗。當然，應該也要有方法讓客戶能直接溝通這一點，但是讓 CSM 先過濾很重要。起初可以只要讓客戶成功與產品團隊一個月開一次會，分享客戶的故事，這種會議不容易拓展開來，但是個不錯的開始。這組團隊的目的有一部分可以是想出可拓展的流程，在這套流程中的重點就是抓出經營問題，而不只是對性能的需求。或許最重要的是，了解他們希望你的產品在未來能幫他們解決什麼問題，有助於推動公司突飛猛進的進展，而不只是緩步成長。

低接觸

　　隨著你移動到接觸模式的下一層，顯然就需要更能夠擴展出去的流程，尤其是你大概也想要讓客戶能更輕鬆針對他們的需求以及對產品的困擾溝通，而且能直接告訴 PM 團隊。你可以利用社群、論壇、意見調查和使用者團體來大規模完成。社群或是論壇可以運用社群媒體中建立的投票或者按讚／退讚的功能，如果參與度夠高就能運作得非常好，而且可以確定投票針對的產品元素很清楚。正如先前所提到的，嚴格挑選的 PAC 或客戶諮詢委員會（customer advisory board，縮寫 CAB）如果完全能代表現有客戶群的橫斷面，就會非常有價值，如果你的生意有 70% 來自中小企業，就不要只邀請大企業客戶加入 CAB。如果你的產品針對每個客戶類別有相當不同的市場與用處，你或許可以考慮成立兩個不同的 CAB。你的接觸模式越低，將產品做對就越是重要，所以你絕對需要找方法透過客戶的參與來進行，你當然不會讓一大群服務及客戶成功人力來解決產品的瑕疵。

科技接觸

　　我們已經申明過許多次，在 B2C 或龐大的 B2B 市場，一切事情都需要透過科技推動，但是這不代表你不能像過去那樣跟客戶聊天並得到一些直接的意見回饋，無論是透過使用者團體或焦點團體，這麼做都很有用，但是你的主要工具是一對多的方案，像是社群、論壇和意見調查。因為這裡牽涉到的數量龐大，最有用的意見回饋可能是直接來自於你的產品，從最常使用的部分就能略知一二，客戶花費最多時間的地方可能很重要，或許是正面或負面訊息。你可以在產品中內建一些有限的回饋機制來收集客戶體驗資料，若說從產品現在的使用方式來發想未來產品發展的最佳方向，這樣一點也不為過。眾多的使用者也能夠讓你相當容易進行試驗，結果也非常寶貴，你可以在某一天加上一個新功能，看看結果如何，像是亞馬遜、eBay 和 Match.com 這類網站上，絕對每天都會發生這種事。

　　好了，鼓打得夠大聲了，產品必須是你的優先要務，不然客戶成功學也只是徒然，而你的公司終將失敗。另外，如果你有員工負責接觸客戶，不管是用什麼方法，確保他們明白產品的品質和價值也是他們的優先要務。

第 11 章

法則7：拚命改善創造價值的時間進程

作者：

黛安‧葛登（Diane Gordon），Brainshark 客戶長

相關性

	低	中	高
B2B 的 SaaS	★	★	★
訂閱模式	★	★	★
按次付費	★	★	★
B2C	★	★	
傳統	★	★	

執行摘要

　　人或是公司為什麼要買東西？因為他們認為自己能從購買中獲得價值。如果你是消費者，這可能表示要在一家高級餐廳花一大筆錢，因為你想要享受高於一般標準的一餐，而你幾乎馬上就會發現：如果不是好吃就是普通，根據這一點你會決定要不要再來光顧。

　　但是你在銷售商業產品與服務時，通常很難展現出與交易金額相近的價值，雖然買家知道這點，但他們仍希望能夠在合理的時限內看到價值，對於 SaaS 或訂閱模式的賣家而言，這段時限就是訂閱的時間長度，如果客戶在該開始討論合約延展的時候還沒看到真正的價值，就不太可能會續約。賣家必須

> 要面對的難關，就是可能要花多久時間才能讓客戶進入狀況並運用解決方案，拚命改善創造價值的時程就是克服挑戰的方法。

在任何銷售流程中有很大一部分就是說服潛在客戶，他們可以從你的產品或解決方案獲得真正的價值。在 SaaS 或訂閱經濟的世界裡，快速達到這份價值就是留下客戶及拓展客源的關鍵。除非你能為客戶創造價值，或者一直到你達成這點之前，客戶都不會續約、留下或者購買更多東西。

如果你以訂閱方式來執行企業軟體，光是培訓過程就可能花掉幾個月，只會剩下多幾個月額外的生產時間能夠看到價值，如果一年後的合約延展時間正逐漸逼近，這麼做還挺冒險的。為了強調這項挑戰的難度，想想看極端狀況：如果要花十一個月才能讓客戶進入狀況並開始使用，而合約是十二個月，那麼合約延展的機率比起客戶在六十天內就能上手，是比較高還比較低（參見圖 11.1）？

顯然在培訓時間長短以及首次合約延展的可能性之間有直接相關，如果你的商業模式是按次付費，所有合約都是每月簽訂，那就更重要了。

要確保客戶在購買你的解決方案後能夠盡快看見價值，秘訣是什麼呢？

- 與客戶一同合作建立具體的成功衡量標準。
- 反覆執行以早早獲得價值，先從最簡單的標準開始完成，之後再著重其他項目。
- 即時因應調整，一旦發現可能達不到預期價值就馬上起身行動。

讓我們更仔細檢視各點。

建立具體的成功衡量標準

理想上，你的客戶會根據產品或解決方案的價值來決定是否訂閱，他們甚至還知道自己要如何評估價值。

盡早與業務發起人一同定義衡量標準，在銷售過程中，你會擁有他們的注意力，一定要趁這個時候借助他們的力量，因為他們可能比較不會介入安裝執行本身的策略。如果想在客戶生命週期後半才吸引業務發起人的注意非常困難，那時候他們已經轉頭去做其他事情了。在前期階段業務發起人還專注的時候，利用這個機會最能夠找到適合的成功衡量標準，能夠在組織的業務階層引起共鳴。

如果你很幸運，客戶會有明確的答案：「我們希望能將培訓新業務員的時間減半。」但是更常見的情況是，客戶雖然會指出關鍵的驅動力，心中卻沒有特定的衡量標準（而且如果有，他們也不知道現在這些衡量標準的基線價值是多少）。這種情況下，與其要求客戶提出衡量標準（有時這可能要花點時間，尤其是在複雜的組織裡），還不如我們自己列出我們的客戶通常會用來評估成功的標準：

- 減少達成目標的時間。
- 增加能達成目標的業務員數量。
- 增加願意轉換過來的潛在客戶數量。
- 增加交易合約的規模或收益。
- 增加積極使用 Salesforce 的業務員比例。
- 增加業務員花費在銷售行為的時間，超過搜尋內容的時間。
- 減少培訓業務員的時間。
- 減少談定首次交易的時間。
- 減少經理花在指導業務員的時間。

- 增加業務員處理材料的能力。
- 增加能夠完成完整培訓課程的業務員數量。
- 增加點閱率（點閱的數量）。

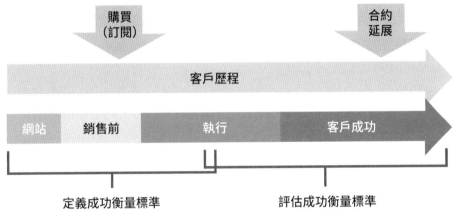

圖 11.1　創造價值的時間進程

我們請客戶從這些範例中選擇，確定他們對自己所選的衡量標準都有基線值。

你也應該跟培訓團隊交流這些衡量標準，一套運作良好的流程會是讓銷售前團隊記錄下這些成功標準，然後在執行程序開始的時候傳遞給培訓團隊，然後在培訓課程開始的時候，策動銷售前流程的員工要跟客戶確認這些標準：「在銷售流程中您表示減少員工的培訓時間是重要的驅動力，現在仍是如此嗎？如果是，今天的培訓花了多久？」

必須在清楚定義這些成功衡量標準之後，我們才能開始計算培訓時間，否則你可能會發現自己已經開始培訓課程好幾個月了，或更糟的是已經完全安裝可執行了，客戶卻還不知道他們是否從你的解決方案獲取價值。

你也可以運用這些具體的標準創造出正面的滯後效應（carryover effect），如果你會跟客戶進行 QBR 或某種常態性審查，就可以經常回頭檢

視這些標準：（1）判斷這些標準是否仍然適合公司業務，以及（2）透過這些標準確認你的成功。許多客戶遇到衡量嚴格的投資報酬率時似乎就會退縮，不過在銷售流程中倒是經常很執著。但是你明白，如果不協助客戶進行評量，他們就會回頭咬你一口。

反覆執行以早早獲得價值

　　別妄想要把大海煮沸，要獲取價值最快的方法，就是先從那些最容易達成的標準開始，例如，購買解決方案來改善銷售生產力的客戶或許會用到兩、三種（或以上）成功標準：減少培訓銷售業務員的時間、更有效鼓勵潛在客戶參與，以及增加能夠達到標準的業務員比例。

　　雖然這些都是做得到的，若是客戶先從最重要的標準著手，就會更快看見價值。透過反覆執行的過程，比方說聚焦在第一階段的訓練和培訓時間，然後改進第二階段的潛在客戶參與程度（參見圖 11.2）。

　　還有其他方法可以更快獲取價值，例如針對特定團體、分支或地區推出產品，而不是一次針對所有使用者群體，或者是聚焦在一、兩項特定提案（例如品牌重塑）或產品線，將挑戰切割成小段、小段可達成的階段性任務，然後反覆執行，就能更早、更常創造價值。

訓練和培訓　　　　**鼓勵潛在客戶參與**　　　　**表現評量**
第一階段　　　　　　　　第二階段　　　　　　　　進行中

圖 11.2　反覆執行的範例

同時要經常確認，就算業務發起人在銷售週期就定義了標準，客戶的專案團隊也確認了這些標準，不要因此就誤以為這些標準一直都很重要：

- 每次的狀態報告一開始都列出這些標準，每次的確認電話也都要提醒客戶：「只是要確定一下，這些仍然是我們現階段關心的成功標準，對吧？」
- 在培訓期間的多個時間點都要直接聯絡業務發起人，確認這些成功標準。

即時因應調整

隨著培訓課程即將結束，介紹你的 CSM 以及／或者客戶成功實務，讓他參與專案狀態會議並讓他知道客戶所選擇的成功標準，在培訓結束幾週、幾個月之後，CSM 最優先的工作就是不斷確保客戶能夠達到設定的價值，在這項重要工作之前，所有其他傳統的客戶成功活動（介紹新功能、進行 QBR 等等）都要先靠邊站。

為什麼這點這麼重要？是這樣，我們發現客戶一結束培訓後，他們的專案團隊可能就會不再專注於此，因為成員都把注意力挪回到自己的日常工作上，如果是這樣，我們認為客戶就沒辦法像我們這樣完全專心在獲取價值上。CSM 要負責向客戶以及較大的會員管理團隊回報進度，然後如果獲取價值的時間軸遇到了阻礙，就要盡快再投入資源。

之所以要拚命促進創造價值的進程還有另一個重大原因，因為我們希望客戶有機會能夠擴展我們的解決方案。做為賣家，我們稱之為向上銷售，但要是我們從客戶的立場看來，這是在拓展他投資在你科技的價值。在訂閱經濟模式為基礎的世界裡，慢慢提升客戶的整體合約價值是關鍵，這個過程只有在客戶已經從你的產品獲得真正價值的那一刻才會開始，如果還無法獲取

商業價值，沒有人會購買更多授權或者產品的附加模組。要評估這一點有多重要，只要將三十天乘上你所擁有的客戶數，結果就會是你能夠運用的額外銷售天數，因為你為下一組客戶改善了創造價值的進程，縮短了三十天；如果這樣看起來太誇張，乘數用五天就好。只要計算出一個數字，問問自己一組優秀的銷售團隊（你的團隊）在這麼多額外的銷售天數裡可以做什麼。

客戶會購買因為他們相信你的解決方案價值遠遠超過成本，但是對訂閱經濟來說，實在無法就這樣假設這件事會發生。你必須要確定客戶知道他們會如何衡量價值，而且在合約延展的時間還沒到之前，老早就能看到標準有所改進。

補充評論

這條法則中的關鍵字是**拚命**。一般而言，大家都想要縮短做任何事的時間，我們做為員工的 DNA 當中，有部分就是為了改善我們所做的一切。但是有多少是我們真的會拚命去做的？不是太多，而這項工作就是你必須這麼做的。

我們在這裡跟銷售做個比較，因為厲害的銷售員也會拚命把交易談成，他們的厲害有部分也來自這點。當他們在星期五晚上開車回家時，心裡正期待著週末，此時電話響了，是位潛在客戶打來的，他們會怎麼做？他們會接電話，對吧？他們會接電話，因為他們知道銷售週期中的每一天都很重要，而且要談成任何交易，唯一的好日子就是今天，每一位已經有點年資的銷售業務員都有失去客戶的故事，在星期三差點就要簽下去的合約，結果在星期四就聽說了資遣、獲利不佳或組織變革的消息，進而阻止了他們。業務員知道每一天都要拚命，因為每一天都很重要。

在 SaaS 和訂閱經濟出現之前，售後心態通常不會有這種程度的急迫感，畢竟在六個月或以上的執行週期中，一天到底能重要到哪裡去？這種方

法的問題在於，如果一天不重要，那兩天真的也不重要，然後死亡漩渦就開始了。這不是說執行團隊和客戶不在乎，他們當然在乎，不過訂閱經濟的本質以及一直等著要延展的合約，或者客戶退出的可能性，完全提升了這種急迫性。

在企業軟體的世界裡，創造價值的進程通常是以月計算，因為要執行解決方案相當複雜。如果你銷售的是電子商務解決方案或 B2C，創造價值的進程仍然有關係且重要，但是可能會以小時或甚至分鐘來計算。在我準備下載並開始使用 GoToMeeting 手機應用程式時，我期待的是整個過程應該花不到五分鐘，對任何人來說這都不是很多時間，所以為什麼要急著把時間縮短到四分鐘，然後到三分鐘呢？來源是以下兩種的其中之一：（1）末端用戶或者（2）網迅公司（WebEx）。如果你不為了創造價值的進程拚命，不管身在什麼行業，你的競爭對手可能就在拚命，那就會讓他們不一樣，在商品化的市場中尤其如此。對一般使用者來說，思杰公司（Citrix）很難讓他們的 GoToMeeting 應用程式顯得跟 WebEx 的產品不一樣，這表示其他的一切都更加重要，包括價格、創造價值的進程、支援，以及整體的客戶體驗。那幾分鐘很重要，為了這點拚命去做，為之奮戰。

高接觸

因為高接觸通常表示高價值，這幾乎都同時代表高度複雜，我們通常在說的是找方法將執行流程削減幾天，或許是幾個禮拜。雖然在這個情境中，創造價值的進程大部分都是在談執行，但不要就這樣限縮於此，這不是**執行的進程**，而是**創造價值的進程**。對於面對高接觸客戶的賣家來說，你的執行團隊和客戶成功團隊通常要一起承擔這份責任，幾乎從來都不是**專案完成＝價值獲得**，這在流程中是很大一步，但是總有更多工作要做，這就是 CSM 要開始發揮的時候了，只要有了完全可行的方案，知道該做哪一個，他就可

以讓客戶開始運用方案來解決公司業務的問題，這就是該公司購買方案要解決的問題。

　　這段交接過程所產生的難題中，其中一個其實是要評估客戶什麼時候開始獲取價值。要評估執行專案的時間有多長相當簡單，有個開始的日期以及專案完成的結束日期，如果在你公司這兩個日期之間的平均時間是九十七天，那麼你就可以設定目標，下一季就把時間縮短到八十九天，而再下一季是八十三天，很簡單就能評估。但是**價值**一詞沒有那麼具體，所以你可能需要創造一個代表的東西，這通常表示要決定你的產品中哪個部分價值最高，然後評估每位客戶是否或者有多少在使用那些功能。或者，可以透過與客戶直接互動來完成：「每個部門經理是否都會用我們的產品來輸入他們明年的預算數字？」如果像這樣問題的答案是肯定的，假設這就是他們購買你產品的原因，那麼你絕對就達到了價值點。有許多公司都使用了客戶成功管理的最新科技，對這些公司而言，價值可以用客戶的健康分數來衡量。不管你的方法是什麼，如果你要拚命改善創造價值的進程，就需要找方法來決定並衡量價值，若是少做了這件事，你的客戶成功團隊和公司就只能兀自等死。

低接觸

　　低接觸模式其實對許多公司來說會更強調創造價值的進程，因為通常這只是某一階層的客戶，而不是整間公司的焦點，代表這些客戶很有可能會購買並執行與高接觸客戶一樣的產品，但很可能並沒有花一樣的價錢、負責完成專案的員工配置也不同，而且沒有花太多錢購買解決方案中的服務部分。但在許多情況中，他們的期望其實更高：「跟你其他幾家客戶比起來，我們只是小公司，為什麼這要花這麼久？」

　　要解決這項難題有個可能的方式，就是要對這層客戶的執行與客戶成功流程運作更加嚴格、更多規範，你可以定義出執行流程中的每一個步驟，清

楚說明你會做什麼、客戶應該做什麼，等第八步完成了，專案也完成。客戶成功學是一樣，交接會議、六十分鐘的訓練課程、兩週後有六十分鐘的後續追蹤，然後每一季有健康檢查。在這之間，有許多自動化接觸都能在適當時間（還記得「及時」嗎？）讓客戶獲得珍貴的內容。

這一般不是你面對高接觸、高價值客戶的方式，而且絕對也有一點風險，不過就定義來說，你不能在這些客戶身上花一樣多的時間，所以你別無選擇。這也表示失去這些客戶的機會比較高，你公司上下也應該抱著這樣的期望，在時間和注意力都減少的情況下，實在不太能期待會有相同的客戶留存率成果。總而言之，如果只是想要能更加準確預測客戶的流失，自動化就勢在必行。同樣地，為了客戶成功管理而發展的科技在這裡會有極高價值。

科技接觸

我們先前已經提過，創造價值的時間進程對你的科技接觸客戶仍然很重要，同樣重要的還有你產品的複雜程度，如果你的產品需求不只是（1）下載、（2）配置、（3）使用，要透過科技而能盡快創造價值，基本上是不可能的。但就算產品是那麼簡單，你也需要盡量利用每一種可能取得的科技把戲，讓這成為你的客戶可能最好的經驗。有許多消費性應用程式允許你透過臉書或谷歌用戶身分驗證，這就是其中一個原因，這麼做能夠縮短使用者實際開始使用產品的時間，可以跳過一部分設定／身分認證的流程。B2B 公司就算只是想鼓勵員工思考如何從流程裡減少幾分鐘，也可以從中學到一點東西。

我們之前已經提過了內建在應用程式的引導過程，在這裡也幾乎可以完全套用。B2C 產品通常都很簡單，幾乎不需要引導就能開始，但是 B2B 產品以及有些 B2C 產品通常就比較複雜，所以需要有某種協助來引導使用者走完流程。以 Dropbox 為例，有太多人都已經下載並開始使用，所以

Dropbox 不可能有團隊直接跟使用者講解流程，這整段經驗**必須**以科技驅動，而也確實如此，Dropbox 整個網站就是專門為了這個目的而設，引導你去下載然後安裝產品，一路上會有圖示和訊息告訴你現在在做什麼，然後在安裝完成後所發生的第一件事情，就是你的 Dropbox 資料夾會有一份十頁的 PDF 檔案，說明該如何開始利用這項產品，於此同時，螢幕上也會有鼓勵訊息要你將第一份檔案移動到 Dropbox。這段五分鐘的經驗完全解釋了我們在這一章所討論的東西：在螢幕上或應用程式內的簡單引導，教你下載及安裝，然後很重要的是催促你實際上傳你的第一份檔案。顯然對 Dropbox 來說，創造價值的進程時間計算會不斷累計，一直到上傳第一份檔案為止，在下載或安裝尚未完成之前都不會停止。

　　拚命改善創造價值的時間進程，不管你製造的產品是哪一種、使用的客戶是哪一類，你絕對不會後悔這麼做，要讓你的客戶成功，這就是你的必經之路。

第 12 章

法則8：深入了解你的客戶衡量指標

作者：

凱瑟琳・羅德（Kathleen Lord），Intacct 銷售暨客戶成功副理

相關性

	低	中	高
B2B 的 SaaS	★	★	★
訂閱模式	★	★	★
按次付費	★	★	★
B2C	★	★	★
傳統	★	★	★

執行摘要

　　成功的訂閱經濟模式公司如果想要維持並加速收益成長，就必須深入了解客戶流失與留存的細節，要是現有客戶群的收益蒸發，沒有什麼比這個能夠讓公司成長率緩慢得更快。隨著你的現有客戶群收益成長，就算流失率只增加了1%，都會讓公司的成長速度有天差地別。如果你的運行速度是 2,500 萬美元，試著想要維持 50% 或以上的成長率，流失率增加 1%，就表示你的銷售團隊必須額外談成 20% 的新交易，才能維持成長率。下列的五個步驟能夠幫助你定義並更深入了解流失與留存，有助於你的公司專注在對的優先要務、加速成長，並永遠留住你的客戶。

還在初創階段的訂閱經濟模式公司所面臨最大的問題，就是如何加速客戶獲得，事實上公司的大部分資源（時間與金錢）都花在想辦法解決這個問題，並且要證明公司的商業模式可行。但是只要公司成功解決了加速客戶獲得的問題，某個人（可能是你的執行長或最有可能是管財務的人）會開始注意到公司的總客戶數及約定每月經常性收入（committed monthly recurring revenue，縮寫 CMRR）在下降。

CMRR 的定義是將每個月所有已認可的經常性訂閱收入，加上目前已經約定並進入生產製造的簽訂合約，減掉流失的客戶後加總起來的價值。流失就是客戶不再承諾要支付的每月經常性收入，這些客戶關閉了服務或者在未來可能會這麼做。你的銷售副理可能會覺得奇怪怎麼會這樣，畢竟他們表現這麼好，帶來了很多新客戶，但很可惜的是，許多公司所投入的公司資源都不夠多而無法成功留住客戶，這些客戶都是他們花了公司相當多資源才獲得的，而正如這本書背後的推動力，此時正是一般稱為客戶成功的組織出現的時候。

要能夠長期維持訂閱經濟模式公司，你的公司必須深入了解客戶流失與留存：了解流失的立場是要理解為什麼客戶會離開以及頻率，而了解留存的立場則是為什麼客戶留下並持續使用你的產品或服務，以及其頻率。在公司生命週期中，越早處理流失與留存，問題就越容易解決。

各家公司可以跟著以下五個步驟來發現、衡量並理解流失與留存：

1. 定義你衡量的是什麼以及 CMRR 的組成。
2. 定義衡量與頻率的期間。
3. 決定 CMRR 的期望值以及流失的類別。
4. 決定如何辨識出可疑／有危險的流失。
5. 校準你的主管領導方式，發展出一套標準定義以及流失／留存報告。

　　第一步：公司必須先定義出他們要如何衡量流失與留存，針對個別客戶來衡量是否更為合理，或者針對個別合約，或兩者皆是？這個決定大部分要看客戶規模而定（中小企業與大企業），還有你的公司在單一客戶傘下是否有分別管理的多份合約（例如公司的客戶中或許會有五個同屬奇異公司的不同部門）。另外，你的公司也必須決定，是否需要將持續發現及計算流失和留存的方式設計為操作流程，必需的操作改變包括能夠從 CMRR 的金錢觀點以及從客戶數的觀點來發現流失及留存。

　　下一步是要決定你如何定義 CMRR，一般 CMRR 的組成會包括新 CMRR、附加 CMRR、延展 CMRR，以及流失。圖 12.1 的圖像呈現代表了這些組成如何與週期一開始的 CMRR 結合，來算出週期結束時的 CMRR，以及與 CMRR 淨改變的差距。CMRR 的淨改變就是你在一期又一期的過程中增加了多少業務，能夠提供最清楚而直接的觀點來檢視公司健康。

　　最好的方法是從更微觀的觀點來看，將延展 CMRR 拆解成好多個桶子，包括取消、降級、升級以及第一次等分類（注意：許多雲端公司都有提供歸檔服務，費用是從前一次的年度訂閱費中抽一部分，在客戶已經不再積極使用服務的情況下，讓客戶能繼續存取唯讀資料）。這樣微觀拆解了延展 CMRR，讓你得以檢視你的合約延展業務，這樣公司就能更有效地聚焦哪裡有潛在問題，而不只是提供高階的流失與留存率數字。

　　例如，有位客戶有一份 50,000 美元的合約，他們已經延展了，而新合約的價值是 55,000 美元。該慶祝了，對不對？當然，不過先別急，先來檢查一下細節：

- $45,000 產品 A 和 C 的合約有同質延展
- $8,000 產品 B 客戶流失
- $14,000 向上銷售產品 A 的額外授權

- $4,000 增加，因為折扣會從 75 折變成 78 折

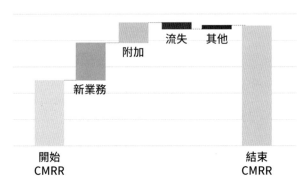

圖 12.1　定義 CMRR

　　有些人非常在乎這幾行所列出的每一點，產品 B 的產品經理是一定的，當然也還有財務長，不過之前可不像現在，在這種程度的細節中能夠想出如何追蹤的辦法。

　　你的公司需要建立一套訂單處理的方法來獲取必要數據，資料要精細，讓公司可以回報流失和留存的狀況（客戶、合約等等），其中包括了了解訂單類型（新的、附加、延展）、合約延展的升級／降級數量（建議分別追蹤實際的新產品附加功能）、依庫存單位（stock-keeping unit，縮寫 SKU）降級的原因，以及取消合約的原因。CRM 系統中的典範實務就是要有一份選擇清單，列出容易做標準化報告的原因，另外還要有格式不拘的評論欄位，能夠接收到額外的精采評論。理想上，公司訂單處理的設定就是要理解數量下降與價格下降之間的差異，因為這兩種流失問題的處理方法大不相同。

　　另外，將降級／流失的原因自動歸類到流失類型的欄位，可以大力促進及時回報可避免與不可避免的流失，提供一個僅供參考的解釋，不可避免的流失通常會被稱為**死亡與婚姻**，也就是說，如果客戶的流失是因為破產或者遭到收購，通常都會被視為不可避免，在你開始回報合約降級及流失的原因，並排出哪個問題必須優先處理時，這點就會變得非常重要。雖然大部分

企業資源計畫（enterprise resource planning，縮寫 ERP）或者客戶成功學應用程式，都能讓你追蹤各種不同交易類型中的細節，部分的負擔還是會落在你的銷售及財務運作團隊身上。

第二步：在你的公司決定了如何衡量流失及留存的基礎之後，就必須決定衡量的時間長度以及頻率。依據你公司的商業模式不同，每週、每月、每季或每年一次衡量流失與留存都算合理，這點應該由客戶必須承諾的合約時間長度來決定，並且要符合公司如何規劃 CMRR 及流失，才能拿來與計畫做比較。通常，公司會以更加精細的時間點來衡量流失及留存，例如每個月一次，但是會將這些標準當成年度計算的數字回報給重要的利益相關人。這麼做能夠讓重要的利益相關人更容易清楚了解流失與留存的整年度影響。

另外也很重要的是，說明你會如何處理相較於衡量期間較早或較晚的合約延展問題。如果是較早續約，對你的公司非常有益，不過你必須確定合約延展的簽訂是在合約到期之前，較早簽約明顯就能夠拋開流失與留存的標準。如果是處理較晚的合約延展，那麼要保持公司的流失及留存標準準確，最好的辦法就是將預期的 CMRR 及預期的客戶數量挪到下一期間，同時訂閱的開始及結束日期仍然不變。這麼做可以讓公司準確評估流失及留存，又能夠回報較晚的合約延展。這是公司應該評估的重要標準，理想上來說所有合約延展都要在訂閱到期之前的三十至六十天完成。

第三步：要決定你的公司如何計算合約延展率，首先就要決定你如何定義期望的 CMRR，而要決定 CMRR 的期望值，最好的方法就是將前一期合約延展的 CMRR 加到這段期間任何附加產品的整年價值，這已經成為計算公司流失與留存的基礎，這個方法也表示你在會計年度一開始所設定的流失規劃，隨著客戶加上越來越多訂閱，在這一年當中都會有所變化。

在你的公司鎖定 CMRR 期望值的時候，此時就需要客戶成功學和財務部門都同意，最好的辦法是在合約要準備延展的會計期間（每月或每季）一

開始就這麼做。如果客戶的變動性很大（例如經常會出現死亡與婚姻的狀況），那麼你就應該決定一個合適的流失運行速度，才能符合你的整體商業模式。例如如果你的公司認為計畫中有 10% 流失率是恰當的，那麼原始計畫就會在會計期的一開始模擬出 CMRR 期望值有 10% 的流失，然後在每一次新的會計期開始時調整，以反映出修正後 CMRR 期望值的 10%。若非如此，在期間的附加產品就會大幅誤導了公司的健康狀況，掩蓋了潛在的流失問題。這類流失會被歸類為不可避免，你應該內建在整體訂閱及收益計畫中，這樣才能為公司提供更為可信的預報。

　　例如要在會計年度一開始計算 CMRR 期望值做為公司計畫的基礎，看起來可能會是這樣：

- 前一年的合約延展＝ 2,500 萬美元
- 假設 10％流失率（因為死亡、婚姻等等）＝（250 萬美元）
- 計畫的 CMRR 期望值＝ 2,250 萬美元

　　要將期間的附加產品整年價值也算進去的話，比較合適的方法是在每次會計季度一開始就更新 CMRR 期望值的計畫，例如你想要在第二次會計季度一開始計算更新過的 CMRR 期望值，可以這樣算：

- 原始計畫的 CMRR 期望值＝ 2,250 萬美元
- 加上會計第一季期間附加產品的整年價值＝ 176 萬美元
- 更新計畫的 CMRR 期望值＝ 2,426 萬美元

　　要計算期間的附加產品整年價值最保守的辦法，是在每一次會計期要結束時（如果月結的話通常就是每個月）更新 CMRR 期望值，例如：

- 原始計畫中 9 月的 CMRR 期望值＝ 150 萬美元
- 加上 9 月合約延展期間附加產品的整年價值＝ 22.5 萬美元
- 更新計畫的 CMRR 期望值＝ 172.5 萬美元

　　如果你的業務上有多個客戶類別，在計畫過程中有一部分就應該為每個客戶類別計算 CMRR 期望值，因為每個類別所預估的流失率通常不會一樣。

　　第四步：許多公司越來越重視要將公司的眼光放得更長遠，衡量可能的或有危機的客戶流失，有兩個方法能夠預測出可能的流失或有危機的客戶：（1）透過真人互動，以及（2）運用信號或者數據點。在傳統企業中，運用真人互動要簡單得多，因為公司通常都有本錢能設立客戶成功團隊，這組團隊會經常與客戶往來，能夠針對客戶流失的可能性做質性分析及記錄。這種方法的挑戰在於隨著公司的客戶成功團隊開始擴大，就會越來越難維持目標，並讓 CSM 持續進行風險的質性分析。如果公司的銷售對象是中小企業市場，要能夠設置人力比例夠低的客戶成功團隊，與客戶發展足夠深入的關係以獲取品質良好的流失評估，其實公司負擔不起。

　　運用信號或數據點也是很好的量化方法，可以輔助企業模式中從真人互動而獲得的質性分析，用來在中小企業市場中評估流失的可能性也省錢多了。首先要做的就是定義並達到共識，最快樂、最健康的客戶有何特性，然後再定義出風險客戶的特性，這些特性可能包括使用模式、支援案例數量、淨推薦分數、財產、合約成長，或者是重要聯絡人或發起人的離開。儘管你當然可以試著用客戶關係管理的解決方案或者微軟 Excel，來發現並記錄這類客戶健康資訊，不過公司若是能夠安裝專為客戶成功這個目的而打造的應用程式，就可以更有效率、更積極。

　　客戶成功管理應用程式不只能夠自動化收集、評分客戶健康狀況，還能

提供一座統一的知識庫，讓公司上下所有要面對客戶的關鍵員工在與客戶來往時，可以即時存取。另外，這些程式還能讓你針對某些一定要處理或者某組客戶進行科技接觸，也就是透過自動化的一對多管道，來與客戶進行相關而及時的接觸，而不需要用到昂貴的一對一過程。

清楚了解流失與留存並保有前衛視野，讓公司能夠更加準確預測並積極處理潛在的流失問題，若是要讓你的訂閱經濟基礎公司能夠順利成長，這兩者都相當關鍵。

第五步：以符合主管領導風格的方式發展出一套標準的定義，另外需要發展流失與留存的報告，讓重要的利益相關人能清楚知道公司的健康狀況。公司應該要用跟公司業務相關的標準來評估 CMRR 以及客戶數量流失與留存，例如用產業別、規模、客戶財產、地理區域、銷售管道、產品線或 CSM 來理解流失與留存，既要從 CMRR 的觀點也要從客戶數量的觀點來看。為了輕鬆產生這些報告，公司就需要思考想用多精微的程度來衡量流失與留存，並抓住這樣的標準。早早就開始思考你想要能夠回報的數據，並設定系統以收集資訊，讓公司對於流失與留存有了策略性的看法，有助於公司加速成長。

另外，也要讓主管能夠經常看到這些報告，上面用螢光筆強調出隨著時間推進的改變，讓公司能夠發現是否有需要處理的問題。同樣重要的是，這些報告也強調了新推出的計畫與流程有何影響，例如，產品發展和工程都需要理解，功能強化的優先次序將會對客戶成功產生最大的影響。

或許你的客戶群中有一塊一直都無法成功，這時就需要建議銷售團隊，不要再跟符合這類型特色的客戶簽約。或者，客戶一直無法獲得他們所需的訓練，因而無法達到長期成功，理解精微程度的流失與留存問題有助於引導公司各個面向，了解公司的焦點、優先次序和投資，以促進表現和成長。

圖 12.2 是 Gainsight 客戶成功管理應用程式上所提供的操作階段儀表

板，有助於你的公司積極管理流失與留存。

　　圖 12.3 是由 Intacct 的 ERP 應用程式所提供的管理標準儀表板，可以輕鬆與公司重要的利益關係人即時分享，了解客戶流失與留存對業務發展速度的財務影響。

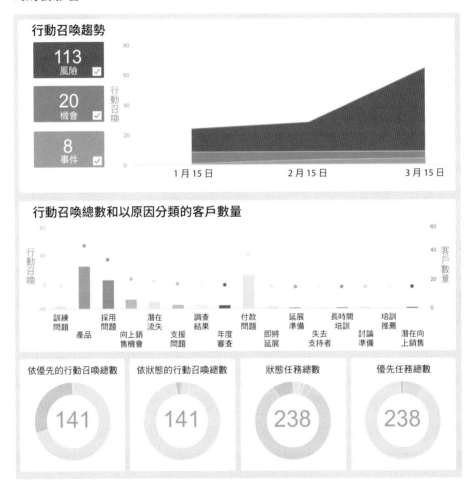

圖 12.2　操作階段儀表板

　　除了經常要深入探索跟流失與留存相關的海量資訊，最好的辦法就是同時借助公正第三方的力量，和流失的客戶進行訪談，這樣你的公司就能更了

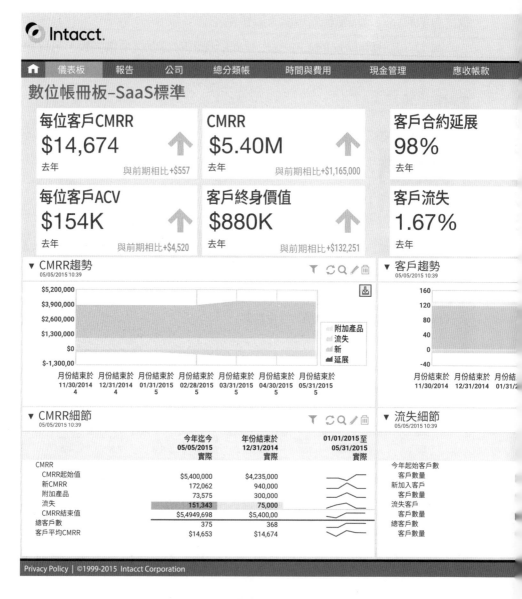

圖 12.3　管理標準儀表板

Winifer ▼　　Help ▼

應付帳款　　　購買　　　專案　　　庫存控制　　　平台服務　　　薪資輸入

| 所有部門 ⌄ | 所有地點 ⌄ | 所有項目 ⌄ | ▼清除 |

延展
5%

新客戶
73
去年　　　　　　　　與前期相比+33

客戶獲取成本
$151K
去年　　　　　　與前期相比 -$110,652

流失
5K
與前期相比 +$10,000

投資回收期（以月計）
11
去年

ACV每增加一美元則CAC
$0.98
去年　　　　　　與前期相比 -$0.77

附加產品
流失
新
延展

▼ CAC趨勢
05/05/2015 10:39

⚑ 銷售
⚑ 行銷

| | 12/31/2012 | 12/31/2013 | 12/31/2014 |

年份結束於 12/31/2014 實際	01/01/2015 至 05/31/2015 實際
300	68 ↑
73	(63) ↓
(5)	2 ↑
368	7 ↑

▼ CAC細節
05/05/2015 10:39

	營業費用			
	實際	測試預算	預算差異	預算風險值
銷售&行銷				
銷售				
鐘擺式安裝授權	4,552,000	3,641,600	910,400	24.99 ↑
鐘擺式隨選訂閱	2,000,000	2,600,000	(600,00)	(23.07) ↓
總銷售	6,552,000	6,241,600	310,400	4.97 ↑
行銷				
鐘擺式安裝授權	1,000,000	800,000	200,000	24.99 ↑
鐘擺式隨選訂閱	3,500,000	4,200,000	(700,00)	(16.66) ↓
總行銷	4,500,000	5,000,000	(500,00)	(10.00) ↓
總銷售&行銷	11,052,00	11,241,600	(189,600)	(1.68) ↓

解發生了什麼、為什麼（有許多優秀的公司在提供這樣的服務）。在這段過程中借用第三方的服務能帶來更為有用的見解，比起公司運用內部資源進行的流失後訪談更好，就像公司會運用第三方服務來為新業務進行優劣勢調查一樣地處理這個問題。

前述的討論能讓你更深入了解客戶的流失與留存，足以幫助你的公司聚焦在正確的優先要務並促進成長，但是公司這麼做勢必要付出營運成本。有越來越多人選擇這種好辦法，那就是雇用一名客戶成功學營運職員，客戶成功學營運可以幫助你的公司內的各功能部門執行客戶成功學計畫，畢竟如果要期待負責面對客戶的員工能有餘力或技能成功管理這些專案，這樣很不切實際。另外，客戶成功學營運應該要協助管理底層的系統，能夠讓工作流程自動化，並且提供公司需要的見解和眼光，才能永遠留住客戶。

補充評論

如果你對這個業務領域的基礎沒有深入了解就想開公司，簡直是瘋了對吧？而經常性收入企業若想獲得長遠的成功，就要靠將客戶留存率做到最大，同時將流失率降到最低，這也完全沒錯。但是就跟其他企業一樣，理解的程度各有不同，而且還有**各種層面**的理解。如果你的現有客戶群 ARR 在去年上升了 8%（淨留存率是 108%），知道這件事情是一回事，不過要知道細節又是完全另一回事了：

- 增加合約規模的客戶占多少百分比？
- 哪一產業的流失率最高？
- 各項產品的留存率與成長率是多少？
- 首次延展合約時，我們平均打了幾折？
- 所有超過三年以上的客戶，平均合約規模跟原始合約規模相差多少？

　　知道細節，而且不只是知道高端的部分，而是每一次交易中的細節，就是好好管理公司的關鍵要素。

高接觸

　　這條法則對各個階層、各接觸模式都很重要。高接觸模式的客戶有一項優勢，那就是你可以跟他們聊。例如，如果客戶流失了，知道原因真的很重要，不只是要在 CRM 系統中建立區塊，要求 CSM 一定要從下拉式選單裡挑一個，當然這也是一定要做的，不過如果你可以直接跟客戶親自交談，便能知道更多事情。在生活中，我們從失敗中學習到的比成功中多，因此我們應該利用這些失敗來盡可能學習一切，才能在未來避免犯同樣的錯。

低接觸

　　從這條法則來看，幾乎就是從財務機制下手。如果你的公司是按次付費的經濟模式，你能不能追蹤每一筆交易的細節到相當精微的程度，能夠完全理解留存率／流失率或者成長之間的細微差異？其中有一件不是完全用財務機制解釋的，那就是**為什麼**，為什麼 X 客戶離開了？為什麼 Y 客戶在兩年內成長了 243％？你能夠靠公司內的口耳相傳而知道某些答案，也可以衡量一下，是否值得派人去跟某些小群客戶聊一聊以獲取更多資訊。你或許也能透過意見調查來知道更多，不然也沒辦法了，所以值得考慮一下。

科技接觸

　　同樣地，你可以找出某些客戶並跟他們聊聊，但是你更可能想要用某種數位方法，盡量了解除了交易細節以外的資訊。挑選出一小群客戶並提供獎勵，鼓勵他們回覆意見調查，或許會是實用的技巧。

第 13 章

法則9：透過嚴格的衡量指標來執行客戶成功學

作者：

強‧赫斯坦（Jon Herstein），Box 雲端空間客戶成功資深副理

相關性

	低	中	高
B2B 的 SaaS	★	★	★
訂閱模式	★	★	★
按次付費	★	★	★
B2C	★	★	
傳統	★	★	

執行摘要

　　客戶成功學做為正式的部門組織，在一家企業中仍是相當新穎的概念，就像任何一種新的商業手段一樣，必須要發展成熟才能確保長期的可行性，客戶成功學就處在這個時機，可重複性、流程定義、衡量指標以及最佳化都代表了發展成熟。我們在更為成熟的經常性收入企業中曾看過這些，不過要讓多數公司都能做到還有很長一段路。

　　客戶成功學的終極目標就像一家繁榮公司的其他部門所要的一樣，都是想達成真正的商業成果，為你和你的客戶都定義出何謂成功，然後建立起清楚的衡量標準以達成這些商業成果，就是加速成熟化的必經之路。你無法改進無法衡量的東西。

1980 年代晚期，卡內基美隆大學（Carneige Mellon University）的軟體工程研究所（Software Engineering Institute）開始發展流程成熟化的架構，有助於各組織改善自己的軟體流程，他們在幾年後發表了軟體的能力成熟度模型（Capability Maturity Model，縮寫 CMM），從此成為各家軟體發展公司評估流程成熟度的必備工具。同樣重要的是，CMM 架構也更普遍應用在判斷組織（以及其流程）變得有多**成熟**，並且能夠當成一本指南書，引導組織從成熟的**初始**階段進步到**最佳**階段。

為什麼將近三十年後，在這個（相當不同的）客戶成功學世界裡會跟 CMM 有關？其基本前提是隨著組織能力進化會越來越進步，執行任務的結果也越來越容易預測，無論這項任務是要製造很棒的軟體或是確保客戶能不斷享有最棒的體驗，皆是如此。而在各個成熟度的進步指標就是可重複性、流程定義、衡量以及最佳化，加總起來，如果我們可以衡量並改良與客戶成功組織相關的流程，絕對更有可能達到想要的業務目標（高客戶滿意度、低流失率、收益擴展等等）。

在階段一（初始），工作之所以能完成都要靠熱血員工的英雄之舉，而不太關心工作流程或可重複性，聽起來很耳熟嗎？如果你管理著一小群 CSM（或更少），這大概就是你每天的現實，CSM 設定目標就是靠這一句話：「不管要做什麼，總之要讓你的客戶成功而且確保他們會續約！」CSM 在這個階段的角色可能定義不清，而這個目標之外的細節就要靠自己一邊做一邊想辦法。假設你的人很優秀，這樣其實還能管用一陣子，但是你的短期獲益（客戶幸福度）很可能會帶來長期痛苦（過勞的人力、產品表現不穩定、成果不平均／不穩定）。

如果能出現必要的流程規範來重複先前的成功經驗，就會進展到階段二（**可重複**），而只要將這段流程記錄下來、標準化，整合成為組織的標準程序，就可以再進展到階段三的成熟度（**定義清楚**），到了這個階段，可重複

的流程方法基礎已經完備，剩下來的就是衡量（階段四：**管理**）以及持續改進（階段五：**最佳**）。

假設你的客戶成功組織已經制定出可重複的工作流程，有清楚的定義也做了紀錄，你的焦點就會轉向主動衡量評估及最佳化。但是可以衡量什麼、應該衡量什麼，這麼做的好處又是什麼？廣義來說，你可以考慮探索一下三種衡量類別：（1）客戶行為、（2）CSM 活動，以及（3）業務成果，你會發現在這三個類別中都能找到一大堆可能的衡量指標，接下來的討論中會嘗試提出幾個相關的例子。每種商業領域（以及伴隨的客戶成功組織）都需要決定這些指標中哪些重要，而且究竟該如何定義並衡量。

客戶及使用者行為

SaaS 的軟體交付模式跟其他安裝在辦公室的軟體相較之下，其中一個最大的優勢，是我們可以裝配並衡量客戶如何使用我們產品的每個面向。在過去，軟體賣家沒有實用的方法能夠判斷目標使用者群是否或者如何使用軟體，而在設計適當的 SaaS 應用程式中，我們知道每一次登入、點擊、上傳、下載、發生錯誤等等舉動，我們知道使用者進行特定活動的頻率有多高，而且根據產品的本質，我們或許還能知道這些活動的商業價值（例如電子商務平台的 SaaS 供應商就會知道平台上進行的交易價值）。當然，秘訣就在運用相關的衡量指標來創造商業價值（對客戶來說），最後又如何會影響到客戶留存率／業務拓展。

以使用者為基礎的衡量指標或許包括下列幾個例子（但還有更多）：

- 淨推薦分數
- 登入與登出
- 使用特定產品功能／平台（網站、手機、應用程式介面）

　　如果你以 B2B 模式營運，或許也會將使用者層面的行為（以及其他客戶層面的行為，例如已付帳款）加總起來，成為更高層面的客戶「健康」觀點，這可能也包括辨識出風險因素，你會將之連結到流失可能性，例如付款／未付款；與客戶的管理員來往，以及可推薦性。

　　有一件重要的事情務必注意：客戶的使用者行為只能當成一種代理，用來評估客戶所創造的商業價值，Gainsight 執行長尼克・梅塔曾說過類似這樣的話：沒有人會買你的軟體只是為了登入。客戶訂閱你的解決方案是為了完成一個或多個企業目標：找到更多潛在客戶、創造更多收益、讓製造更有效率，或者是與供應商強化合作，關鍵就在於了解這些目標是什麼，以及你的產品如何相關。某些情況下，光是透過你產品中內建的程序，你沒有辦法確保客戶能夠達到他們想要的目標，例如，如果客戶使用你的檔案共享方案來減少 FTP 伺服器，你就得問他們是不是真的做到了，你的產品沒辦法看到答案。在關係的一開始就花點時間跟你的客戶相處，了解他們的企業目標並尋求共識，知道你們要如何一起評量成果。

客戶成功專員活動

　　只要你為 CSM 制定出工作流程，自然就會想知道他們是否好好遵循這些流程，因此你會想要知道 CSM 都參與了哪些活動（或者沒參與），如何影響客戶的感受和留存率。完整了解並適當評估這些工作流程，能夠讓你理解你的手下表現如何，同時也能知道這些活動究竟對業務成果的影響有多大。例如，你在討論提高產品採用率時，季度業務審查（QBR）是否如你所想的一樣有效？講到客戶滿意度，親自拜訪的效果是否大過電子郵件和電話？

　　CSM 活動的衡量指標或許包括下列幾個例子：

- 與客戶各種不同互動的頻率（QBR、電子郵件訊息更新、電話聯絡）
- CSM 要處理的支援案件數量（而不是由你的支援團隊完成）
- 風險辨識的及時性
- 降低風險的行動效率

業務成果

衡量與最佳化的發展漸趨成熟還有一個外加的益處，那就是更能夠預測成果，想要知道一位 CSM 可以有效管理幾位客戶（理想的會員比例）嗎？那就評估一群負責不同數量客戶的 CSM 相關業務成果。想要了解正式的 QBR 比起頻率更高的非正式確認，哪個比較有效？那就找一群在這部分各有不同的人，評估他們的客戶參與及滿意度。

注意，這部分要談的是跟你有關的業務成果（客戶留存率、拓展等等）。你必須跟公司內各個不同部門合作（產品、行銷、銷售、財務），才能決定「成功」是什麼樣子，而哪些指標又能顯示出你的表現。你會根據成功的定義來設計自己的流程、活動和標準並據此衡量，大多數時候你會跟其他團體共同承擔成功的責任，例如客戶成功和產品團隊要一起負責確保產品的使用者會用。你對這些衡量指標的**歸屬感**越是清楚，就越能把團隊所執行的流程及行為調整好。

業務成果的衡量指標可能包括下列幾個例子：

- 總留存率
- 淨留存率
- 拓展
- 標誌留存率
- 客戶滿意度

- 淨推薦分數

清楚定義出成功的含義，不只是你還有你的客戶，一定會讓你的客戶成功團隊更加清楚知道自己的任務與責任。只要你們對定義的想法一致，關鍵就是要提出你會衡量的項目，以顯示出團隊如何表現，這些衡量指標讓客戶成功主管能夠證明客戶成功組織的價值，時間一久，還能改進你對公司整體表現的貢獻。最後，你的 CSM 會感謝你這麼做而讓目的更清楚，同時讓他們更能完全了解自己的表現與貢獻。

記住：你衡量什麼就會得到什麼！所以要想想什麼是重要的，然後開始定義並專注於這些關鍵指標。

補充評論

這條法則顯然是針對那些確實有客戶成功團隊的公司，如果你是這樣，那麼你需要用非常明確的標準來積極管理團隊，就像你會這樣管理銷售或其他任何團隊。到了某個階段，人力要用衡量指標來合理化，而非哀求得來。如果你是龐大的 B2B 企業或者是 B2C 企業，就算現在還沒有，總有一天也會有客戶成功團隊，或許只會有一、兩個人來面對幾千或甚至幾百萬名客戶，但是某人會負責客戶體驗，然後讓人用重要客戶成功標準來評量。一組 CSM 團隊當中，每個人都擁有一些合理數量的會員（五名至一百五十名），他們的技巧當然會跟那些要負責幾千、幾百萬人的 CSM 非常不同。我們已經詳盡討論過高接觸、低接觸和科技接觸模式，在最高那一層，驅動指標跟所有模式都一樣，而且基本上也跟全公司的衡量指標一樣：留存率、流失率、向上銷售等等。如果你用 CSM 的職責來管理人，就會需要深入了解他們的衡量指標，留存率、向上銷售和流失率都是適當的長期指標，但是這些標準只會拖慢步伐，不是特別容易預測。我們在後面的高接觸會討論更

多。

我們目前都還在客戶成功的草創階段，這些評估其實就像嬰兒食品，我們已經跟我們的 CSM 進行過幾百次、甚至幾千次非常有趣的一對一對話，我們問了好問題想要幫助他們，像是：

- 你的客戶整體上表現如何？
- 有沒有可能會流失的客戶？
- 你在過去六十天已經跟 X 客戶一起解決幾次挑戰了，我們有任何進展嗎？
- Y 客戶離開了，我們可以怎麼做才會不一樣？
- 我可以怎麼幫你？

這些問題用來詢問負責客戶留存率以及特定業務整體成功的人，都很合理，但是這些問題都不好評量。這裡又是一個客戶成功管理方案可以發揮極大用處的地方，他們能夠改變一對一的對話，聽起來就會比較像這樣：

- 你所有客戶的平均健康分數比團隊中其他人低了六分，看起來拖累你的因素是主管關係，讓我們想個辦法來改變，就從分數最低的客戶開始。
- 你在未來九十天內有三個可能不會延展合約的客戶，我們一起來看看你針對這幾位客戶個別的行動計畫。
- 你的向上銷售率是最高的，比第二名的 CSM 還多 10%，真是太棒了，我想要你做三張投影片的簡報，你可以在下次團隊會議時分享，幫助其他人都能向你看齊。

　　不難猜到這些一對一談話當中，哪一個對主管和對員工都最有效。就跟其他法則一樣，只有出現清楚的衡量標準時才有辦法進行積極管理，這樣你可以管理成果同時又指導過程，隨著客戶成功學法則發展成熟，就必須能夠有效管理團隊，而個人也會有所進化，這樣的能力則是基於帶動商業價值底線的特定衡量指標。

高接觸

　　在高接觸模式中，管理並衡量客戶成功人力和管理銷售業務員非常相似，對銷售業務員來說，只有一個衡量標準是真正重要的，對吧？你賣了多少？在某個階段，那是唯一能夠決定成功或失敗的衡量指標。但是一位優秀的銷售副理會等十二個月，或就算是三個月，才會看到銷售業務員的成績然後決定他們表現好不好嗎？當然不會。他們會在一路上觀察很多事情，都是他們相信的未來成功指標，有些比較能夠評估的項目有——

- 漏斗大小
- 漏斗成長
- 漏斗動作
- 通話次數
- 會議次數
- 提送提案的次數
- 平均預估的交易規模

　　而且不止這些，當然還有一大堆更為主觀的東西能夠觀察並指導，像是執行標準的宣傳行銷技巧、克服拒絕的能力等等。每一份工作都有完全能夠衡量的面向，也會有不是那麼具體的元素。

　　客戶成功學也不例外，我會認為要判斷一位 CSM 或整個團隊的品質，關鍵的衡量標準就是淨留存率，這同時考慮到客戶留存率以及向上銷售。我先前就說過了，這裡還要再說一次，成功的客戶會做兩件事：（1）他們會繼續當你的客戶（如果是訂閱模式就會延展合約）、（2）他們會跟你買更多東西。如果客戶成功學的工作就是要讓客戶成功，而那就是成功客戶會做的事，那麼淨留存率這項標準對他們就很重要。但是，就像銷售業務員的狀況一樣，你大概不會想要等十二個月才看到 CSM 整體業務的淨留存率數字，你會希望衡量各項元素，幫助你預測 CSM 是否成功，在合約延展或向上銷售都表現十分亮眼。就像 CRM 系統可以幫助銷售，客戶成功管理解決方案也可以幫助客戶成功學，如果你沒有 CSM 解決方案，也可以自己追蹤許多項目：

- 業務健康分數
- 健康分數趨勢
- CSM 直接參與的層級
- 啟發行動的次數（低調查分數、未有產品使用）
- 發現的向上銷售機會次數
- 正面關係活動次數（推薦、案例研究等等）

　　當然還有主觀的事情要觀察，例如他們對產品了解有多深、能夠聰明運用其他資源，還有其他許多。

　　底線是，若是沒有跟高接觸客戶成功團隊進行有趣的一對一談話，實在沒什麼好推託的。我們需要趕快轉移到非常可衡量、非常可據之行動的標準，幫助個人改進並推動正面的公司成果。

低接觸

我們所說關於高接觸模式的一切在低接觸模式也完全可用，同樣的挑戰、同樣的機會，要開始衡量表現才能夠建立有效的團隊或專案，而且更重要的是，對你的客戶有正面影響。

就許多方面來說，你的模式越是低接觸的，這點就越重要，因為你無法仰賴關係來獲取支持或理解客戶。如果我是手上有五名客戶的高接觸CSM，我可以非常準確告訴你每位客戶的健康分數，我就是知道，因為我常常跟他們談話。如果我有兩百名客戶就必須以低很多的接觸來運作，我會更加依賴各種能夠自動回報客戶狀況的衡量指標。在這樣的環境下，CSM解決方案幾乎是不可或缺的，但是如果無法取得自動化解決方案，下列有許多狀況是可以手動追蹤的，以下列出我們從稍早高接觸區塊延伸出的清單：

- 調查分數（這通常會整合入健康分數，但也可以個別追蹤，尤其是你或許還沒發展出健康分數）
- 電子郵件參與（電子郵件如果是直接由你寄出或者由行銷團隊寄出，客戶會怎麼做？）
- 開放的支援要求有多少（這點用來評估CSM個人或團隊可能不是很適合，畢竟這可能超出他們可控制範圍，不過可以讓苦惱的客戶茅塞頓開）
- 付款：快樂的客戶通常會準時付帳單

因為最終你在衡量客戶成功團隊的時候，想知道他們的客戶做得多好，不管是什麼，只要有助於你理解客戶，都可以看出負責這些客戶的人是否成功（程度不一）。要追蹤所有事情並不切實際，但是追蹤你可以追蹤的，這樣你就對客戶有初步了解，也能大概知道你的團隊做得如何。

科技接觸

　　科技接觸環境的一大福音是有眾多客戶，這樣就更容易實驗。在這個模式下，基本上你和客戶的互動都是透過科技驅動，電子郵件就是主要工具，你可以簡單做些 A 或 B 的測試來判斷哪個效果最好。例如你對於每個客戶在臨屆成為客戶一週年時，安排一次介入，你可以寫一封內容完全一樣但信件主旨不同的電子郵件，一封寫著「恭喜」，另一封則寫「生日快樂」，然後你就觀察開啟信件、擋信、取消訂閱的機率，來看看哪個更有效。

　　就許多方面來說，科技接觸客戶成功團隊的運作更像是行銷團隊，而他們的互動主要也是數位方式（網站、電子郵件、網路研討會等等），讓我們的結論認為應該可以用類似方法來衡量。基本上這是對的，你的科技接觸客戶成功團隊就像行銷團隊一樣，應該衡量他們的接觸效率有多高，這表示要衡量下列這些事：

- 電子郵件參與
- 網路研討會出席
- 社群參與
- 使用者團體出席

　　對行銷團隊來說，要衡量成功最終極的標準就是創造出的潛在客戶（也就是漏斗），而對客戶成功團隊來說，最終極的標準就是健康分數。客戶成功團隊的客戶健康分數能夠拿來類比成銷售團隊的漏斗，這不是巧合，簡單來說，銷售漏斗能夠預測出未來行為，像是倒閉的可能性、倒閉的時機、交易規模等等，漏斗就是銷售副理預報的主要資料來源。客戶成功副理的健康分數也提供了相同的見解，準確的健康分數是預測未來客戶行為很可靠的參考，像是留存的可能性、向上銷售的可能性、風險階級等等。到了最後，你

的客戶成功團隊所做的一切都應該是為了創造忠誠度，而忠誠度在長期的衡量標準則是淨留存率，在短期就是健康分數。

客戶成功學法則變化相當快，就像孩童的身形突然抽高一樣，而改變最為快速的區塊就是衡量以及管理我們的客戶，延伸說來也就是要負責這些客戶的團隊。要成為一個大人，能夠在大餐桌占有一席，這股趨勢需要持續下去，這樣財務長和執行長才能看見他們投資而生的果實。

第 14 章

法則10：這是一個由上而下、全公司一起執行的承諾

作者：

尼克·梅塔，Gainsight 執行長

相關性

	低	中	高
B2B 的 SaaS	★	★	★
訂閱模式	★	★	★
按次付費	★	★	★
B2C	★	★	★
傳統	★	★	★

執行摘要

　　客戶成功學不只是一個部門或組織，而是一套必須滲透你整家公司的哲學。在商業歷史的大多數時間裡，只有兩件事情是真正重要的：（1）打造產品，（2）銷售產品。我們相信，現在正是第三個核心流程要崛起的時候了：客戶成功學。

　　客戶成功學不只是一個整天掛在嘴邊的流行詞，客戶成功學已經來了，而且會一直存在。如果客戶成功學做得好，便能夠為業務底線帶來真正的價值。

如果你還沒準備好，很快就會，因為若是沒有客戶成功學，你就無法生存。幸好，要開始並不是那麼困難，但是客戶成功學要從上層開始，必須是全公司上下一致的承諾。

客戶成功學，聽起來像是老生常談，沒說什麼新鮮、有趣的，多年來老是在聽執行長說客戶就是王，卻又看著他們做完全相反的事，很容易就會讓人懷疑這套新的客戶成功學運動能起什麼作用。

在這條法則中，我希望能說服你接受下列四點：

1. 客戶成功學（真正）是什麼
2. 為什麼客戶成功學勢在必行
3. 客戶成功學如何創造價值
4. 從哪裡開始

客戶成功學（真正）是什麼

許多 B2B 公司都會成立各種團隊，給他們貼上標籤說是**客戶成功管理**或**客戶長**，因此你可能會認為客戶成功學是一個部門。

不過就像銷售一樣既是團隊也是一種多功能活動，客戶成功學是全公司上下的事，事實上客戶成功學牽涉到要改變公司的價值取向，從產品或銷售轉移到客戶的成功上。

在商業發展的大多數時間裡，公司會聚焦在兩個核心流程：（1）打造產品，（2）銷售產品。在客戶成功學運動中，我們認為還有第三種核心流程：促使客戶成功。簡單來說，如果你投入資源要幫助客戶成功，那麼你自己公司的成功（以銷售和利潤來看）也會跟著來。這是一筆大賭注，需要有各個部門的支持，包括客戶成功、財務、行銷、銷售與產品團隊，因此這是

全公司上下的承諾。如果你是執行長或高階主管，就會為這項承諾定調。

在客戶成功學運動中，所有營運問題都圍繞著客戶的成功而重新擬定：

- **產品**：什麼功能會真正幫助客戶用我們的解決方案達成目標（對比：要做試用版）？
- **銷售**：哪些客戶可能會最適合我們的解決方案（對比：誰會最快離開我們）？
- **行銷**：什麼樣的訊息最貼近我們傳達出的成功與價值（對比：流行詞）？
- **財務**：哪個標準能反映出我們客戶的真實成功與價值（對比：只是新成交）？

為什麼客戶成功學勢在必行

好消息是你在這裡不用太努力思考**如果**的問題。客戶成功學是經濟學上發生重大變化的自然結果：

- 全球化和科技發展降低了創業門檻。
- 創業門檻降低讓新進人士攪亂了幾乎所有已建立起的類別。
- 新進人士創造了低摩擦的商業模式。
- 低摩擦商業模式讓客戶很容易就能試了再買——價格期間較短（每月或每年）；精微消費（每分鐘、每次指令週期、每位使用者、每次點擊）；還有更容易部署（雲端和手機）。
- 同時，低摩擦也讓**試**了再**買**的客戶更容易**說再見**就離開。
- 到最後，客戶擁有權力，客戶可以選擇。
- 有選擇的客戶會選擇能夠交付他們想要的成果與成功的賣家。

- 確實，客戶會開始期待賣家專注在成功上，因為有越來越多賣家這麼
做，而為了消費者所設計的應用程式（例如優步）表現得也非常傑
出。

這不是會不會發生的問題，問題是等真的發生之後，你的公司是否能夠
快速反應而生存下來？

客戶成功學如何創造價值

從正面來想，早早擁抱這個機會的公司只要專注在客戶成功上就能獲得
重大成果：

- **成長：**專注在客戶成功的公司比較不會面臨客戶流失而帶來的逆風，
而更多能搭著向上銷售的順風，因此就是能成長得更快。成功的客戶
又會成為他們的擁護者及推薦人，能夠帶來更多新客戶。長期說來，
客戶流失的**漏桶**（leaky bucket）效應光靠新客戶是無法抵銷的。
- **價值評估：**根據投資公司 Altimeter Capital 的報告《訂閱經濟估價》
（*Valuation of Subscription Business*，2014 年 10 月），公開訂閱經濟公
司之所以迅速增加，跟客戶成功學與客戶留存率的概念有直接相關：
「收入續約率（dollar renewal rate，縮寫 DRR）是評估訂閱商業模式
價值最重要的標準。」簡而言之，華爾街已經注意到了客戶成功學。
- **差異化：**最後，因為不是每個類別的每家公司都專注在客戶成功學
上，客戶成功管理可以是相當關鍵的差異因素。客戶知道時間一久，
產品和服務都會變得商品化，公司用來為客戶帶動成功的業務流程與
團隊其實才有長期影響，同類型中表現最佳的公司在銷售訊息裡都是
認真討論著客戶成功流程。

從哪裡開始

如果你相信了，那麼大概就會想：「我到底要怎麼樣才能執行『由上而下、全公司一心的承諾』？要從哪裡開始？」這裡有幾個點子：

- **定義成功：** 要打造出以客戶成功學為核心的公司文化，你可以跨出很大一步，就是具體定義出成功對客戶的意義。許多公司賣的是可以運用在各種不同用例的水平性產品，如果你是執行長或高階主管，應該啟動跨部門的工作流程，將產品經常出現的用例典範化，然後定義出在各個用例中成功對客戶的意義。這裡有個簡單的思考方法：如果你問客戶：「對你來說，跟我們公司一起達到超級成功會是什麼意思？」他們會說什麼？若是沒有定義出目標，就很難讓公司團結起來達成。

- **對準成功：** 接下來，檢視你的公司並確保每個工作部門都知道自己必須要做什麼來支持客戶成功學，你的客戶成功團隊可以是負責這項提案的四分衛，但是需要各個部門都接受。這可能表示：
  - ◆ 每個月跟產品團隊檢視客戶成功回饋。
  - ◆ 定義並調整銷售合格標準。
  - ◆ 經常與行銷及客戶成功團隊檢視訊息。

- **傾聽客戶成功學團隊：** 如果你是高階主管或執行長，可能會淹沒在公司業務來自客戶、合作夥伴、投資人和員工的各種信號裡，你必須確保這些信號中有很重要一部分是來自客戶成功團隊，或者如果你還沒有這樣的團隊，這些信號也能告知你客戶成功實務的成果，因為這些信號就是客戶群的眼睛和耳朵。要建立習慣，經常檢視客戶成功問題，在每次主管會議、每次董事會議，以及每次重要的決策過程中加入一位客戶成功主管，然後要重視他們的意見，就像你重視銷售主管

的意見一般。

- **以客戶成功學為優先：**這就是見真章的時刻了，每家公司的資源有限，必須做出取捨，能夠讓客戶開心的功能一定要放在試用版的功能後面嗎？能夠執行自我服務的專案要延到合作夥伴推出的管道之後嗎？訓練 CSM 一事要因為銷售員訓練而延後嗎？如果你想要推動客戶成功學，就把這點列為優先。

- **賦予客戶成功團隊權力：**同樣地，如果你打造了一組團隊來為客戶帶動成功，就要採取行動來支持他們。要考慮幾件事：
  - 確保客戶成功團隊主管的職銜跟銷售主管的並駕齊驅。
  - 在客戶提升為管理團隊的責任後，讓 CSM 繼續回頭執行流程。
  - 如果可以的話，讓 CSM 當客戶的英雄（例如在理想狀況中，CSM 會告訴客戶你同意他們的合約變更或路線圖要求）。
  - 向公司其他部門申明，CSM 就代表客戶的觀點。

- **衡量客戶成功：**如果沒有套用眾人同意的標準來衡量，客戶成功學永遠不會受到認真看待。為你的底線成果定義出標準，包括總流失率、淨留存率等等衡量標準，確保每個人都清楚這些指標的意義，並設定某些早期預警的標準，像是健康分數、採用分數和淨推薦分數來追蹤客戶成功學的狀況。

- **回報客戶成功：**接下來，讓這些標準隨處可見，在全體員工會議中秀出來、展示在辦公室牆上及電腦螢幕上，在董事會議中花費在討論客戶成功的時間要跟討論銷售的時間一樣長，而且在董事會議程中加入超殺的客戶成功學段落，讓董事會知道你是認真的。

- **激勵客戶成功學的運作：**公司會設定全面性的計畫來驅動行為，因此如果你想要推動客戶成功學，就付錢讓人去做。考慮在公司的紅利計畫中加入客戶成功標準（例如淨留存率、淨推薦分數或健康分數）。

- **挑戰公司**：就像你會推動公司的銷售成長並達到季度目標，盡量努力推動公司達到客戶成功學的目標，例如留存率、啟用率、滿意度標準或採用率目標。

- **慶賀成功**：客戶成功學並不容易，不是一直都由你控制，而且客戶可能很難應付。大部分公司都有很棒的傳統來慶賀銷售成功，例如敲鑼、香檳、旅行、趣味打賭等等，為客戶成功學也這麼做，幫自己買一個 CSM 銅鑼並散播信號，表示客戶成功學是由上而下、全公司一心的承諾。

補充評論

　　如果是重視客戶成功學的公司，再怎麼強調這條法則的價值也不為過，就某種層面而言，這不只是十條法則中的其中一條，或許是刻著客戶成功學十誡的石碑，可以說就是其他法則的基礎。客戶成功學部門比起企業中任何其他部門都更需要全體人員的投入，我說的是**投入**，不是**幫忙**。有時候也會需要幫忙，但這個詞彙暗指這不是常態，可以想成只在特殊情況下發生，但這樣就是不對。對客戶成功學真正的承諾早就開始了，出現在瞄準第一個目標的第一次行銷突襲之前、出現在寫出產品中的第一行程式碼之前，而且出現在第一通銷售電話打出去之前。這就是十條法則加總起來的本質，傳達出最棒的經常性收入企業需要思考什麼，而且**全公司**都要好好做才能真正**成為**最棒的。這不是事後諸葛，或者在出差錯時來收拾善後的組織，而是一套從最高層開始奉行並滲透到整家公司的哲學，屆時，也只有在那個時候，才能夠成為一直參與其他部門工作的組織，確保公司的第一要務就是**為客戶**帶來商業成功。

　　如果你的執行長不是全心投入，這就無法發生，而一位執行長也無法完全投入一件董事會並未全盤接受的任務。客戶成功學運動其中一項令人開心

的事實是，投資人對相關的成果越來越有興趣，包括高留存率、增加向上銷售、改善客戶滿意度等等，而且他們會催促早一點投入客戶成功學，做為打造運作良好的公司不可或缺的成分。這個大好消息當然也是有代價的：對這些投資要靈光一點，對科技和對人都是，這也是必須從高層開始的原因之一。

　　你的執行長推動客戶成功學的辦法可以列出長長一張清單，不過我在這裡就只提一點，那就是文化。因為最好的公司在 DNA 中就會有客戶成功學，所以必須成為公司文化的一部分。而各位也都知道，公司文化或許是由人力資源團隊來管理、培養，主要卻是由老闆來建立、強化、塑形。將客戶成功學納入文化的一部分，對比較成熟的公司來說通常比較難，因為這對公司建立的方式可能是劇烈的改變，像這樣的改變必須由上而下，納入公司的獎勵制度。我曾經看過一個非常棒的例子，是來自一家非常成功、如今是公開募股的 SaaS 公司，他們的主管紅利計畫中清楚說明了執行長的優先要務為何，每季的主管紅利只會根據兩項標準來發放：（1）新訂閱合約以及（2）合約延展率，要拿到紅利，兩項標準都必須達到一個最低門檻。這裡傳達出的訊息很明確：留存率對我們公司來說至少就跟獲得新客戶一樣重要。

　　我們在第二章已經討論過，銷售與行銷、產品管理與發展，還有服務部門都需要感受到客戶成功學的影響，每一個部門以及客戶成功組織本身都是工作鏈中同樣強大的一環，客戶成功團隊主管和執行長將焦點不斷放在現有客戶群上，如此所製造出的張力能夠推動公司往正向發展。從高層開始監督、引導和投入都是非常珍貴的力量，能夠創造出對的平衡。如果你是執行長，思考一下這五個問題；或者如果你不是執行長，想想你的執行長是如何，問問你的執行長是否真正專注在客戶成功學上：

1. 如果在漏斗中的某筆交易價值超過平均售價，但是能夠讓客戶真正成功的機率實在太小，他是否願意說「不」？
2. 他是否願意延遲重要的產品發表好處理目前客戶的難題？
3. 客戶成功學團隊的領導者是否在他的信任圈內？
4. 你們的路線圖中是否包括了對銷售沒有更多幫助，但只會處理現有客戶需求的東西？
5. 他是否會經常介入重要的客戶狀況，就像他常常介入關鍵的銷售交易一樣？

　　我列出的問題顯然都是非黑即白，不過商業決策常常會處在模糊地帶，但是讓你必須回答是或否，就算只是理論上而言，常常可以讓人一窺真相。如果你身為執行長，對每個問題都不是馬上回答是，那麼你需要再想想自己是否真的專注在客戶成功學上；如果你不是執行長等級的主管，也不確定你的執行長對每個問題都會答**是**，那麼你應該謹慎思考這對你和你的公司代表什麼。我不是說因為你不確定他會怎麼回答一個問題，公司就注定完蛋了，但是也值得思考一下其中的意義以及會如何影響到你。

高接觸、低接觸和科技接觸

　　這條法則不會因為商業模式不同，或者你與客戶接觸的模式不同而改變，每次案例的成功都高度仰賴你的董事會與執行長的承諾投入，以及讓公司裡其他組織都朝著客戶成功學的方向努力。不過，每種模式需要考慮的取捨或許會有點不同：

- 高接觸：多雇用一位 CSM 來管理幾個最為重要的客戶，對照多雇用一位要負擔業績的銷售業務員。

- 低接觸：減少 CSM 的客戶數量以推動增加訂閱合約，對照增加銷售業績額度。
- 科技接觸：建立客戶的入口，對照升級行銷自動化解決方案。

　　這些取捨都是關於要增加在客戶成功學的投資或者投資在其他部門，我不是說正確答案一定都是客戶成功學，我的目標只是要指出，不管你採用的是哪種接觸模式，總是要做出困難的投資決策，而你的執行長可能也參與了許多決策。能夠專注並長期投入客戶成功學，在公司每個月要做出的上百次決策中就會展現出來。

　　吉姆・史提爾最近跟我分享了一個故事，讓我受益良多。吉姆在訂閱經濟先驅 Salesforce 的主管團隊待了十三年，擔任客戶長以及全球銷售總裁。2003 年第一次舉辦 Dreamforce 客戶研討會的前一晚，主管團隊聚集起來跟馬爾克・貝尼奧夫一起檢視議程並順過所有簡報流程。大部分由軟體賣家舉辦的研討會都差不多，議程中塞滿了產品簡報，目的就是要強調 Salesforce 平台的功能與價值，差不多檢視到一半的時候，貝尼奧夫做了一個執行決策，為整家公司接下來好幾年的走向定調。他決定要捨棄所有的產品簡報，這樣才能空出一個時段將麥克風開放給客戶，讓他們直接分享意見回饋。貝尼奧夫不打算告訴客戶他們有多棒，而是選擇讓客戶暢所欲言，Salesforce 則專心聆聽。不僅如此，在每位客戶輪到在麥克風前發言時，他特別要求要說出 Salesforce 的產品、流程或者員工有什麼問題，客戶不能只是讚美幾句就算了。

　　我不在現場，但是我猜要做出這樣的決定並不容易，而貝尼奧夫這麼做是遵循他以客戶為優先的原則。事後回想起來，這似乎不太需要思考，但是在那個時候，各種時間和心力全都花費在產品簡報上，想必這決定的討論過程並不愉快，而且也不是沒有風險。但是這對客戶的影響無疑是相當巨大，

而且對 Salesforce 本身或許更是重大。以客戶為優先聽起來很好，但不一定是輕鬆的決策，因此才需要成為公司文化以及企業 DNA 的一部分，這樣每一次的情況就不太像是決定，而是**我們的作風就是如此**。

第 3 部

客戶長、
科技與未來

第 15 章
客戶長的崛起

　　當組織有了改變，特別是出現了新組織時，通常也會出現新職銜加入戰局。在資訊科技占有企業中重要的一席之地後，資訊長（CIO）也很快變得普及，今日已經成為常態，任何有相當規模的公司都有 CIO，沒有人會質疑是否有這需要或者是否有必要讓人負起「資訊執行長」的責任，如果你想想現在世界上幾乎每家公司都對科技有高度依賴，尤其是考慮到要保護公司關鍵資料需要仰仗科技，這點就無庸置疑，而雲端的存在也已經成為各家公司 IT 基礎建設的一部分，並存放著大量攸關營運的數據，使其更加重要。顯然 CIO 要一直留在公司裡了。

　　時間會證明這是不是同樣也適用於因為客戶成功學規劃而出現的新職銜：客戶長（chief customer officer，縮寫 CCO），基於我們在前面概述過的種種原因，客戶成功學一定會留下來，而 CCO 這個職銜很有可能也是如此。但是這個職銜到底代表什麼？常見的職責是什麼？為什麼需要客戶成功學運動才讓這個位置如此重要？讓我們一起看下去。

　　維基百科上對**客戶長**的定義是這樣：「客戶長（CCO）在以客戶為核心的公司中負責管理與公司客戶的整體關係。」

雲端前的客戶長

　　這個定義相當好，而且你也會發現，負擔這份職責的職位基本上跟世界上每一間公司都能夠合理契合，因此這不是什麼新職位／職銜，但是卻一直不太受到重視，不過近來的訂閱經濟海嘯將客戶的可見度與重要性提升到全新高度。在雲端前（BC）的世界裡，會設置 CCO 一職的公司主要是想在某個程度上向大眾主張他們有多麼重視客戶，一位主管的全部職責就是要讓客戶的歷程與經驗更好，聽起來真的是個好主意，對吧？還有，如果進行順利又得到高層百分之百的支持，這不只是一個好主意，而是超棒的主意。

　　但是要造就可觀的影響就必須面對許多挑戰，最大的障礙就是在訂閱前時代的 CCO 很少會需要承擔營運職責，因此也就不必背負最低收益或獲利等標準，這麼說的意思不是他們的付出沒有正面而重要的影響，只是真的很難估量。

　　讓我們舉一個非常簡化的例子。在訂閱前時代裡，CCO 的重點通常都圍繞著**客戶體驗**來定義，一般會以 CX 代稱。大部分公司確實都希望客戶能很輕鬆跟自己做生意，他們希望所有的客戶接觸點毫無阻礙，可以給客戶留下有機會來往的印象，每位客戶的其中一個接觸點就是賣家的開具發票流程。依據你產品的複雜程度，開發票可以很簡單，也可以是噩夢一場。然後再想想美國電信公司 AT&T 要花多少時間和心力跟客戶解釋發票，非常多。要完全承擔客戶體驗的 CCO 很有可能會將開具發票流程視為惹惱客戶的原因，並想辦法改善。對比較大的公司來說，這可是相當重大的承諾，要讓所有發票都準確、簡單而及時，這對客戶是絕對正面的事，不可能有人會反對這一點。但這其中牽涉到龐大的心力，而且一定相當艱難，但最後的結果是什麼？給客戶更好的經驗？當然。公司有更多收益？也許，但很難計算。獲利率提升？大概，但還是一樣很難計算。現有的客戶花更多錢跟你買東西？有可能，但你要怎麼才能證明？

現在你知道挑戰在哪裡了，我知道有許多人在**美好的舊時光**裡扮演這樣的角色，並且感到非常滿足，知道他們的努力真的能夠改變客戶體驗並改善自己公司的形象，受到客戶信任。但是如此努力工作、做了這麼多好事，卻無法明確將成果連結到董事會評估執行長的工作表現，這一直是件困擾的事，結果是讓投資這份昂貴職位成為一種風險，而大多數執行長都不願意花這筆錢。當然，你可以怪罪他們不以客戶為核心，但我們都是為某個人工作，如果董事會要執行長為收益、獲益率、產品品質和市占率負責，而 CCO 又無法將他的成果連結到這些，那麼執行長決定不將 CCO 納入主管團隊也是情有可原。

對我們所有人都有好處的是，CX 已經成功進入了幾千家公司，改變了他們與客戶互動的方式，但是這條原則很少會重要到需要產生一個 CCO 職銜。正如我們在第二章討論過的，CX 和客戶成功學是同一張拼圖中的兩個部分，而且至少在某一方面有很明顯的重疊，調查之後就能提供對未來發展的見解以及客戶的意見回饋。

大多數情況而言（但不僅限於此），CX 能透過客戶滿意度調查來自我評量，以前述那個討論開具發票的例子來說，計畫一開始很可能是先做調查，詢問客戶是否滿意賣家開具發票的流程，或許還能深入探究關鍵元素，包括準確、簡單和及時，將之做為計畫的基準線，然後計畫結束後再用相同的問題做一次調查，兩相比較之後就能量化出獲益，所付出的心力也不算白費，這樣能夠非常合理判斷出這項承諾的可行性。CX 和客戶成功學之間會有重疊，是因為客戶成功學也會運用意見調查來了解客戶健康狀況（客戶成功法則 4），這樣的結果並不完整，但來自客戶的直接回饋一定是客戶健康整體狀況的一部分，有助於客戶成功團隊決定該優先採取哪種客戶互動。因為兩個團體的目標其實是一樣的，都是為了改善客戶健康以及客戶體驗，好讓客戶對公司越來越忠誠，所以有可能會開始整合成一個組織。

在 BC 的時代，甚至對現今非採訂閱模式的公司來說，通常會認定 CCO 的角色是負責行銷工作，甚至是用來取代行銷長（chief marketing officer，縮寫 CMO）這個職銜，無獨有偶，CX 通常也依附行銷而生。這兩者都傳達出訊號，代表資訊的力量及其對任何人、所有人都易如反掌的可取得性又主導了一波正面潮流。一般而言，許多行銷組織都傾向將自己定位在公司的基線，並與客戶往來，不只是賣東西給他們，而是解決問題的方案。今日的客戶因為能夠取得資訊而更為強大，不能只是將他們視為買家，他們想要有人傾聽、與之交流，基本上要把他們當成夥伴，這就成為行銷副理、CMO 或 CCO 等人的最崇高目標，能夠為公司其他渴望能夠更深究、理解客戶的人帶來絕大好處，既然沒有其他組織能夠針對客戶擬定策略，行銷自然就接起球來往前衝。客戶支援和服務部門每天要跟客戶進行幾千次互動，也有類似的機會，不過他們每天要專注在解決客戶的問題以及完成服務專案，所使用的技巧反而不利於他們發展公司所需要的策略或長期重點。

而這個世界原本都是這樣運作，一直到了大概是進入千禧世代的時候，出現了訂閱模式、雲端、SaaS 和社群媒體，有如巨雷轟破了我們的認知。

新的客戶長

我看過在一家企業中幾乎每個部門都會發展出客戶成功組織，這在銷售部門中非常常見，因為至少在早期的訂閱模式公司裡，都是由銷售副理來負責合約延展流程及業績；還有另一種很常見的情況是，客戶成功學會在更廣義的服務部門中成形，因為客戶成功團隊一開始的重點和心力，通常看起來很像是結合了諮詢和支援，而需要運用許多相同的技巧。基於上述所有原因，行銷部門中相對也很常見包含著客戶成功學，不過比起銷售或服務部門還是較少。最後，我也看過客戶成功學以產品團隊的一部分而出現，這裡的邏輯也相當清楚，產品必須是為了解決客戶的需求而打造，而沒有人比

CSM 更了解客戶的需求。但是你可能從自己的工作經驗中也觀察到了，尤其是在比較小的公司裡，組織通常是圍繞著個人而建立，不單單是按照常規進行，但是時間一久就容易形成共識，通常也會開始出現某種典範實務，對客戶成功學而言，趨勢便朝著服務發展。

我很謹慎地形容成是**朝著服務**，而非**在服務當中**，而會朝著服務發展的原因相當簡單，客戶成功學可以視為銷售後的角色，因為其心力和投入所帶來的優勢，要在目標成為客戶之後才會發生，但是基於我們在討論的這個主題，訂閱經濟模式與傳統模式有許多微妙的差異，其中一個就是其實並沒有所謂的銷售後，只要完成了初始銷售，就會投入所有心力來確保下一次銷售，有可能是合約延展、非選擇退出或者向上銷售。可以這麼說，在訂閱或按次付費的經濟模式中，每一種活動都是銷售前活動，但是回到我們在討論的主題上，**銷售後**一詞並不會消失，而是能完全理解為代表「初始銷售之後」，而這就是屬於客戶成功學的領域。

銷售後組織通常會相當成熟，因為其主要部分長久以來就是企業的必要組成：

- 專業服務
- 訓練
- 客戶支援
- 安裝／培訓

就算是執行長也有一個臨界點，所能夠有效處理的直接報告就是那麼多，因此銷售後組織會隨著時間過去而越來越穩固，通常代表要雇用或者從內部拔擢一名客戶服務的資深副理，來管理所有上述部門。客戶成功學越來越常成為較大規模服務組織中的一個部門，而且就像我們在第二章中解釋過

的，接下來整個服務組織就會納入**客戶成功學**這把大傘下，採用這個名稱。

但要是這位在過去曾稱之為服務資深副理而負責領導整個團隊的人，改變了組織的名稱，因此他的職銜就變成客戶成功資深副理，會發生什麼事？這沒有什麼問題，除了在組織內部原本就有一個叫作客戶成功的部門，可能也有一位負責領導的副理，那就會造成混亂，結果在描述整個組織的時候就會有點陷入**誰在一壘 ❸**的窘況。雖說要把某人的職銜改成 CCO，這絕對不是世界上最棒的理由，但肯定**是個**理由，而如果你在這點理由之外再加上公司整體客戶留存率的業績數字（這個數字在客戶成功學發揮功能時就會出現），就能逐步建構出相當有說服力的理由，將這個職銜加入某某長系列。

到這裡，我們已經描述了從圖 15.1 的銷售後組織如何成形架構出圖 15.2 的樣子。

對於還沒遇過這類組織的人來說，這絕對不像是由銷售資深副理來監管四種不同的銷售團體：

1. 企業
2. 中端市場
3. 中小企業
4. 管道

絕對不會有人說這份工作很簡單，但是這四種團體的主要焦點和評估方式都一樣：賣出產品；而在第二張圖中所描繪出的組織，服務資深副理（或稱 CCO）要負責五種團體，但是重點不在於有更多部門或更多人，而是要

---

❸ 「誰在一壘？」（Who's on first?）是美國流行已久的喜劇段子，經過許多改編和致敬引用，這個段子是兩位演員在討論棒球比賽，問到「誰在一壘？」時，因為一壘手的名字就叫誰，所以這句話既是問句也可是答句，結果就造成許多混亂和笑料。

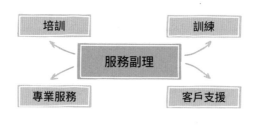

圖 15.1　傳統的銷售後組織

圖 15.2　新銷售後組織

執行的各種活動及相關評估方式實在包含了相當廣泛的職責。你很快就會知道，這些團體各個都是互不相關，所做的事、行事方式和評估方式也各有不同，要評估這位領導者的職銜上是不是要加個**長**，也要考慮到這個因素。

專業服務

主要評量方式──採用度

　　幾乎每家軟體公司以及許多其他公司都會有專業服務或諮詢部門，該組織的組成人員都對產品以及／或該領域有深入的專業級知識，只要付費就能為客戶所用，可能有某個顧問非常了解該如何有效使用甲骨文開具發票的產品，或者是上門服務的水管工人，能夠修好你的水槽漏水，他們都不是想要賣你軟體或者水槽，他們賣的是他們的專業，總之這就是我們經常提到的專業服務或諮詢。

這一行評量成功的主要方式稱為**採用度**，基本上的意思是：在能夠收費的總時數中，真正收費的時數有多少？如果水管工人一週工作四十小時，而只要他可以收到三十小時的費用，比起只能收二十小時的費用，他的獲利率會更高（也更有錢），因此，假設他的工作應接不暇，最主要的任務就是將無法收費的時數降到最低、可收費的時數拉到最高。每一位顧問收費都是同樣的道理，而對管理專業服務組織的人（以及他的老闆們）來說，那就是他每天要注意的數字，也是他要負責的業績。

訓練

主要評量方式──交付產品數量

大家都知道訓練是什麼，所以我們就不重述了，多年來的改變是交付機制。在適當的情況下還是可以使用教室訓練，但是虛擬訓練已經越來越成為主流，並且隨選隨看的方式也是必備，而不管你選擇哪種管道，現在當然也有許多科技選項能幫助你執行訓練。

這裡的關鍵一樣是要指出這類角色的功能有何不同，以及要如何評量整個團體的表現。訓練基本上是以產品發展團隊的形式運作，收集需求、設計產品，然後製造產品、販賣、交付。整個團體的可行性端賴兩件事：產品品質（學生是否以正面方式學習到他們應該要學習的東西？）以及賣出的產品數量。並非所有訓練組織的設計目的都是為了賺錢，但是隨著公司發展成熟，訓練通常會成為收入來源。不管是不是能夠賺錢，「交付（數字）產品」大概是最適合評量訓練團隊的方式，或者你可以透過客戶的觀點來評量，運用像是「訓練了（數字）位客戶／使用者」的標準。無論是哪一種，這都相當不同於專業服務的管理及評量方式。

客戶支援

主要評量方式──效率

客戶支援是負責問題修復的組織，這個團隊的人會接聽客戶的電話或收看電子郵件，看看他們覺得產品的哪個地方壞了，並依據問題的嚴重性而希望能得到某種合理程度的回覆。在軟體界中，客戶支援就是負責因應協助有問題的客戶，早期的溝通管道主要都是電話，因此才會有「電話客服」的稱呼，但是現在這個組織除了電話之外，通常也會跟客戶以電子郵件和聊天訊息互動。社群媒體也已經成為管道之一，還有些客戶支援團隊會透過推特受理案件。

客戶支援經常被視為必要之惡，之所以會存在，只是因為不可能交出完美的產品，世界各地都有電話客服中心，能夠幫你把剛為新生寶寶買的嬰兒床組裝起來、幫你即將到來的歐洲之旅設定好國際通話方案，或者是你想要產生程式報告時卻發現有漏洞，他們可以幫你避開。

在這些所有情況中，客戶支援是一種成本中心，而且可能一直都會是如此，在大多數情況下也會是一個反應性組織。這不是件壞事，也不是好事，事實就是如此。要評量一個成本中心的方法就是以效率做為標準，例如「**每人每天結案數量**」或者「**處理電話總數**」，這樣的標準能告訴你投入的每一分錢是否都發揮了最大效果。一般而言，標準的客戶支援不是由客戶個別付費，所以要將提供這份支援給每位客戶的成本降到最低，就會是財務長以及主要支援團隊的優先要務之一，一切都是為了效率。

安裝或培訓

主要評量方式──創造價值的時間進程

我們在第十一章已經深入討論過，你的培訓或安裝團隊是公司中推動創造價值時間進程的關鍵，若是這點不先完成並做到好，你的產品就不可能衍

生價值。培訓團隊和你的專業服務團隊共組組織，這種狀況並非罕見，因為這兩者的技巧幾乎可以互換，但是時間一長，大多數公司都會將之拆成兩邊，原因有二：

1. 評量培訓成果以及改進專案完成的時程非常重要。
2. 培訓服務比專業服務更有可能組成套組，因為大部分工作的進度都能以小時計算（時間與材料）。

　　因為培訓服務幾乎一定會是初始銷售交易的一部分，所以通常會包裝成固定價格的商品，這樣比較容易銷售，也不會拖慢銷售循環。專案完成以及創造價值的時程都是能夠推動培訓套組改善（和獲利率）的重要指標，將這組團隊分離出來獨立成單一團體，讓你能夠開始追蹤這些指標的進步狀況，做為團隊效率的重要判斷。到最後，你可以說這只是另一種討論採用度或效率的方式，但大多數人都會同意，及時且高品質的培訓對於客戶的成功和留存率非常重要，所以需要有專門的團隊與評量方式。

客戶成功學

主要評量方式──客戶留存率

　　我們已經徹底討論過客戶成功學，這和其他前面所概述的部門是完全不同的組織，在某些方面來說，這個團體能夠將其他團體連結在一起，如果客戶的問題已經超過了客戶支援所能提供的服務範圍，就會落在客戶成功學；如果客戶需要某種專業諮詢才能理解延展合約的理由，卻又不需要太多深入往來，就會落在客戶成功學；如果客戶已經經過訓練也跑完了培訓流程，但還是需要有人在這裡推一下、那裡調整一下才能強化經驗，就會落在客戶成功學。而且在此同時，客戶成功學做為所有責任最後的歸屬（客戶留存

率），會反過來激勵其他組織要把自己的工作做得更好、更快，確實能夠形成一個良性循環，而讓客戶大大受益。

目標和評量方式是客戶留存率、淨留存率、合約延展率以及其他類似事項，你可以用一個詞就統統囊括起來：**忠誠度**。無論是高接觸、低接觸或科技接觸模式，客戶成功學的設計都是為了建立客戶忠誠度，因為忠誠的客戶會留在現有賣家身邊，並且跟他們買更多東西，就是這麼簡單。

因此，現在有五個不同部門負責五項非常不同的工作，以五種非常不同的方式評量，如此廣泛的職責需要過人的智慧、技巧和責任感來管理及領導，我會認為這個角色的技巧和責任感讓這個人十分重要，至少要相當於一位負責管理行銷與銷售的營收長（chief revenue officer），事實上這兩個角色應該是平起平坐，在公司內握有相等權力。我們先前就提過這點，不過值得再說一次，在日漸成熟的訂閱或按次付費模式公司裡，來自於現有客戶的營收／訂閱大大超越了新客戶，圖 15.3 就顯示出在中等至高成長的 SaaS 公司中，這些數字如何隨著時間而分歧。

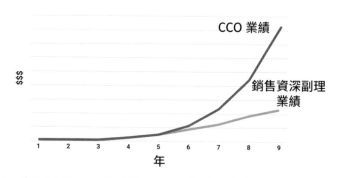

圖 15.3　業績比較──銷售與 CCO（中等至高成長經常性收入企業）

這段討論到目前為止都在解釋 CCO 的出現，而且在有需要的時候進一步提供解釋，讓這份職銜有存在的正當性，但這故事還沒說完。就像是軟體開始蠶食世界一樣，客戶成功學也有點像是在蠶食企業，要理解原因並不

難，隨著你的現有客戶群變得越來越珍貴，負責培養、開發客戶的人也就會變得越來越珍貴。客戶成功學已經成為一個漩渦，將其他組織的一部分也都吸納進來，這不是渴求權力，而是認知到在多個產業中的許多公司都出現了權力轉移，這又是一項訂閱經濟的產物。

還有另外三個組織，或者說是部分組織，也感受到了客戶成功學的吸引力而加速了 CCO 的崛起。不同的公司會有不同的結果，但是這些組織做為客戶成功核心公司的一部分只有兩種可能性：受影響或者被吸收。讓我們仔細審視這三個組織好理解發生了什麼事及其原因。

銷售

我稍早前評論過，在訂閱或按次付費模式的企業裡沒有什麼所謂的銷售後活動，每種活動都是銷售前活動。簡單來說，這是因為總會有其他銷售的機會潛伏著，可能是實際的合約延展，或者是客戶會選擇退出的機會，又或者是某種向上銷售。銷售的過程永遠不會結束，只是換上其他樣貌。考慮到這點事實以及其實大部分執行長都會希望有一個人來負責淨留存率（合約延展和向上銷售），就能合理主張要在客戶成功組織中加入銷售功能，原因有幾個：

1. 這樣 CSM 就能維持他們可靠顧問的形象，而不必因協商任何一種銷售交易而受損。
2. 在討論到維持並提升現有客戶群的價值時，執行長就能**指著某個人要他負責**。
3. 因為 CSM 會最先感應到即將需要延展合約的客戶，就能讓銷售業務員先準備好，讓他們了解討論延展合約時需要知道的歷史和背景。
4. 因為 CSM 能夠為銷售業務員提供最可靠的向上銷售可能性，能幫助

業務員準備抓住這個機會。

　　簡而言之，要負責淨留存率這個數字的人不管是什麼職銜，絕對都有權力要求達到業績所需要的資源，包括能扛業績的銷售業務員（團隊）來談成交易。而且，能夠帶動合約延展和向上銷售的銷售業務員主要都是和客戶成功團隊合作，因為要推動與客戶這樣的對話，客戶成功團隊最熟悉其中必要的細節。

　　即使這種銷售功能並不是落在客戶成功組織頭上（由它來主打），CSM仍然對銷售過程有很明顯的影響，其實優秀的銷售業務員會主動和CSM建立關係，因為他們知道CSM在銷售流程中所能提供的價值。從許多方面來說，負責現有客戶的業務員看待CSM，就等同於負責新客戶的業務員看待並利用銷售顧問的方式：要成交就必須仰賴對方。

　　這部分的銷售免不了會朝向客戶成功學移動，因為其中存在著協同效應。負責從你的客戶群中推動合約延展和向上銷售的團隊，和你的客戶成功團隊就像連體嬰一樣緊密，至少現在漸漸不再有人主張要將這個團隊放在另一個組織中。

行銷

　　這裡要討論的不是行銷長應該向客戶成功副理報告，不管在哪個宇宙中這都不合理，但是通常在行銷中有一部分工作是以**客戶**一詞開頭，因此行銷功能是不是應該納入這個要負責後半客戶歷程的團隊中，這樣的思考也有道理。首先，讓我們檢視一下客戶行銷團隊的常見職責，以及可能跟客戶成功學有何牽連或受到什麼樣的影響：

- **電子郵件行銷／培養**：這些訊息的內容、時機，甚至語調一定會大大

受到客戶成功學影響，才能確保每一次接觸都能盡量與客戶相關。

- **客戶推薦管理**：要如何找到符合特定潛在客戶的適當推薦，其中所有必要資訊都屬於客戶成功管理，包括產業、規模大小、用例、健康分數、推薦頻率和最近一次完成的推薦。
- **社群**：內容和直接互動通常也是 CSM 職責的一部分。
- **網路研討會**：客戶成功團隊必須要根據產品和領域專業來提供內容並親自參與。
- **客戶群**：要邀請誰、親自參與，並鼓勵客戶參加，都是客戶成功團隊的職責。
- **客戶高峰會**：包括會議宗旨、內容、建議講者和親自參與，這一切都由客戶成功團隊提供或影響。

就像負責現有客戶群的銷售一樣，這裡要說的是客戶行銷團隊大部分都是與客戶成功團隊協作，而非其他行銷部門；而且就像現有客戶群的銷售一樣，負責公司客戶留存率的 CCO 也有權要求使用能達到業績的工具與人才，如果其中不包括行銷的需求產生部門，沒有哪個營收長會願意接下這份工作。如果你要負責公司的新進客戶業績，你就會要求能夠控制整個營收流程，而不只是底端部分。同樣的哲學也能套用在客戶成功及 CCO 身上，如果你要求 CCO 要負責整個客戶歷程，以及估計從現有客戶群所能得到的銷售成果，那麼要求主導所有客戶接觸點，包括先前通常是屬於客戶行銷範圍的，這麼做相當合理，而且要記得在一家逐漸成熟的訂閱或按次付費模式企業中，金錢從哪裡流動而來所產生的不同樣貌。參見圖 15.3 所提醒的現實情況，在相當短的時間裡，現有客戶的訂閱占比就會超過新客戶，然後又快速提升，很容易就會變成新客戶的六至八倍，背負著這種程度的職責，伴隨而來的就是極大的權責和組織權力。

客戶行銷納入客戶成功學的速度或許不比合約延展及向上銷售的功能快，但是已經往那個方向移動，受到的影響也日漸增加，距離被吸收或許也不遠了。

銷售諮詢

這條路是三條之中較少人行走的，而在六個禮拜前甚至還排不上這張清單，但是更為前衛、更為積極的執行長都逐漸把這項一直都是銷售部門的功能轉移到客戶成功學，原因很簡單又很符合邏輯，可參見第五章客戶成功學法則1：「賣給對的客戶。」

有幾個方法能夠確保公司以我們討論過的方法來實行這條法則，以客戶留存率來激勵銷售副理、讓客戶成功副理在銷售流程中握有否決權，還有其他幾個方法等等。我們沒有提過的是這個，讓必須承受銷售決策後果的人掌控銷售組織中的重要部分，這樣的主張很大膽，許多銷售副理也一定會激烈反彈，但是其中的邏輯很清楚，這就像是把品質保證功能從工程副理的手上轉移到客戶支援之下，假設領導者很有能力，而且與工程部門溝通的必要管道也沒有破壞，這可以是高明的一手，如果公司發表了糟糕的產品，客戶支援組織就得承受最多的痛苦麻煩，因此將主導新產品發表的功能交在這個組織手上並不蠢，一點也不蠢。

不管組織邏輯是什麼，執行長這麼做所傳達的訊息很難不注意到：「我們會把長期的客戶留存率和客戶成功學列為優先，而不只是要達到季度銷售目標。」很有力的訊息。

假設將上述三個團體都加進來，結果在這個美麗新世界中的組織最後看起來就會像這樣（圖15.4），而這麼大的組織又有這種程度的商業影響力，沒有人會對設置一名客戶長來管理有異議。

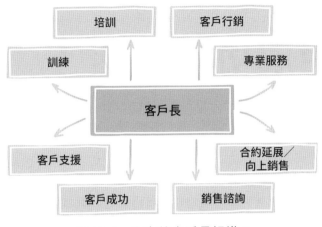

圖 15.4　未來的客戶長組織？

　　我們一開始解釋 CCO 的出現只是根據企業中傳統的銷售後功能，但是現在我們又加上一個可能性，或許甚至可以說是根本原因，就是合約延展及向上銷售、客戶行銷，甚至連銷售諮詢都能夠合理納入這把傘下。正如 SaaS 和訂閱經濟將所有權力從賣家轉移到客戶手上，同樣的轉移也發生在企業當中，將組織權力從獲取新客戶轉移到客戶成功學，或許再也回不去了，科技使其可能，而目標及客戶也都被寵壞了。另外再提一句，這個世界不就是應該這樣運作的嗎？客戶的掌控權不就是應該比賣家更大嗎？在零售業以及大多數以客戶為中心的企業中當然都是如此。

　　無論你喜不喜歡，客戶又是王了，或至少也是一步步踏上王座，而因為 CCO 要負責王的健康與福祉，所以也就對賣家至關重要。今時今日，不是每家公司都有 CCO，許多以後也不會有，但是客戶成功學運動的力量正加速了這個角色的出現。

第 16 章
客戶成功學科技

當一條新法則成為常態，實行者聚在一起建造出部門、團隊和組織，這時科技一定也會隨之發展，客戶成功學當然也是如此。如今有越來越多人擔任 CSM 或類似的職位，也就開始彙整出一套流程和典範實務，讓人知道該如何執行日常策略任務，只要這件事開始運作，就有空間讓科技插手，並保證能夠改善流程以及人員生產力。

客戶成功學無論是以高接觸或科技接觸的方式進行，都與數據有關，其實就是要將數據轉化成資料，然後再將資料轉化成行動。不過就是從數據開始，一大堆的數據。

太多的客戶資料

想想看，幾乎每一家 B2B 公司、每天還有越來越多 B2C 公司對自己的客戶知道多少：

- 人口統計學——產業、地理、公司規模等等
- 他們成為客戶有多久時間
- 他們買了什麼、何時買的
- 他們為所購買的每樣產品付出多少費用
- 每一張開具的發票——何時、什麼內容、數量、條件

- 每一筆收到的費用──何時、數量
- 每一次服務／支援電話──何時、理由、嚴重性、回覆時間、解決時間
- 每一次發送的電子郵件及結果（開啟、退信、取消訂閱、捲動閱讀）
- 每一次出席或登記的事件／網路研討會
- 任何發送的直接電子郵件行銷
- 網站造訪次數與流量來源
- 支援入口造訪次數與採取的行動
- 每一次接受的訓練課程──教室或隨選隨看
- 每一次發送、接收的意見調查與任何回覆
- 如何使用你的產品（根據印象或電子證據）

而如果你是訂閱或按次付費模式的公司，你也會知道：

- 原始合約價值
- 目前合約價值
- 合約成長率
- 已完成的合約延展次數或者未實現的選擇退出

而如果你是 SaaS 公司，還有這點：

- 在你產品中所採取的每次行動（瀏覽頁數、點擊、產生報告等等）

時間一久，這就會成為無比豐富的數據資料集，而數據在邏輯上非常符合客戶成功學的世界，你越了解你的客戶，管理他們時就越有效率。記得客

戶成功法則 4（第八章「不斷監控並管理客戶健康」），顯然若沒有數據就做不到這點，客戶健康分數終究是預先分析幾個不同的數據資料集，然後再彙整出單一分數。

科技能夠為客戶成功學帶來的價值可以統整成幾個關鍵區塊：

1. 最有效利用 CSM 時間
2. 增加每次客戶接觸的情報
3. 推動可擴張性
4. 促進協作、溝通與可見性
5. 更優秀的團隊管理

現在讓我們分別深入探討。

最有效利用客戶成功管理時間

大部分客戶成功團隊所尋求的第一項價值主張就是一套早期預警系統，通常如果發生了客戶流失，就會需要準備某種可能是內部或現成的工具，讓我們能檢視客戶健康，尤其是有風險的客戶。若是沒有任何基於活動而得知的資料，在訂閱模式公司中的客戶互動優先順序，通常取決於兩個一般眾人熟悉的數據點：（1）合約延展率以及（2）年度經常性收入（或是總合約價值）。第二點可以用來代表客戶價值，沒有特定延展機制的公司就會靠這點來決定優先要務，這類公司包括採月結合約或者按次付費公司。不管對你而言客戶價值的意義是什麼，都是超脫訂閱之外的，對各種類型的公司都很重要。如果問大多數執行長這個問題：「誰是你最寶貴的客戶？」他們至少都會有一個大概的答案，如果沒有其他資訊能夠幫助做出決策，那就會成為基本上的優先要務。無論如何，任何積極管理客戶的人終究會想出某種排定優

先順序的方法，才能最有效運用時間。過去你只要定期打打電話、仰賴與所有客戶的私人交情，但這種日子已經被我們拋諸腦後，參見第九章的客戶成功法則 5：「你再也無法透過私人交情來建立忠誠度」，對這個難題有更深入探討。

這裡的問題很明顯，光靠客戶價值或甚至是價值再加上延展日期，這些資料還不夠完整，不足以當成判斷優先的工具，以辨識並區分出哪些客戶迫切需要我們的注意、哪些客戶自己過得很好，大概不需占用你的時間。我們非常需要有更多資訊，而這項任務通常會朝以下兩個方向的其中之一進行：（1）試圖取得產品使用數據，或者（2）取得其他客戶互動的其他數據。

- **產品使用數據**：每個人都會同意，如果你只能運用一種數據來源，就是這個了。最能夠展現出客戶健康並預測未來購買行為的指標，絕對就是要看每個客戶如何使用你的產品，但是要取得並不容易，而要流傳開來更難。
- **其他客戶互動**：客戶會打電話給支援部門、付（或不付）發票請款、回應（或不回應）意見調查、認真聆聽你的行銷訊息等等，在各種不同的系統中幾乎一定會有分開而獨特的，最優秀的會員經理會登入系統，從眾多其他系統中解碼數據資料，才能決定先採用哪種擴展並將每一種的價值提升到最高。

理想上你會想要這些所有資訊，但是通常得一步一步來，所以你必須一次選擇一個戰場。

所以我們已經充分說明了，我們需要更多資訊才能在適當的時間與客戶進行適當的互動。除了純粹的資訊（這部分用 Excel 或你的 CRM 系統應該都夠用），還需要一些透過系統驅動的分析，有助於解釋特定的數據點或數

據集，甚至能夠建議行動，在這裡，客戶成功管理解決方案就能展現出非常高的價值並馬上勝出。

　　這裡很快提一下，我們不是要評價任何特定的科技解決方案，甚至也不是要特別描述哪一種方案能做什麼，我們只是要點出客戶成功團隊所面臨的問題，而科技能夠如何協助解決這些問題，無論是用公司內部建立的解決方案或者購買第三方軟體都好。而且，因為客戶成功學才剛起步，CSM 解決方案也只是因為客戶成功法則的存在才出現，實在很難預測會有多少改變、如何改變。目前可以說的是，在未來幾年當中，客戶成功應用方案會迅速變得更強大、更加優秀。

　　回頭來談如何最有效運用團隊時間。我們已經相當清楚描述出許多公司當下的情況：缺乏資訊和見解，而這兩樣能夠幫助他們依據客戶需求來排定優先要務並運用資源。這些數據大都儲存在企業裡某個地方，只要統整出一個看待客戶的觀點，再加上理解資訊的意義以及建議行動，就能讓一家以客戶為核心的公司往前躍出巨大的一步。傳統的世界聽起來常常像這樣：

　　　　在九十天內，我們有三名客戶準備要延展合約或滿週年，我們絕對應該從今天開始就不斷跟這三名客戶對話，尤其是 Acme，因為他們是我們整體上最大的客戶。一定要確保這三名客戶不會跑到別家去。

而新世界聽起來則會比較像以下其中一種情形：

　　　　過去六個月以來，我們有十七名客戶使用產品重要功能的頻率下降超過 20％，而且他們在上次意見調查中都是沒有回覆或者沒有給負評。我們應該一一聯絡這些客戶，就從這四位開始，他們

都是在這一季就要延展合約或者仍處在第一年合約期。同時也要把 Acme 擺在優先，因為他們已經排定在九個月後要增加 50％ 的合約價值。

　　這一週的優先要務是這七位客戶，有些人的 P1 或 P2 支援案例已經開放超過十天，其他的則是最近一次付款已經逾期三十天以上。

　　我們有五位客戶的執行發起人調任其他工作，或者是在上次發送行銷電子郵件後，我們的用戶支持者就取消訂閱了，盡快跟他們聯絡。

　　我們有超過 30,000 名客戶完全沒試用過我們剛剛推出的新協作功能，發封電子郵件給他們，邀請他們觀看隨選隨看的訓練影片，然後來參加下週針對這個主題的網路研討會。

　　統整過而可據之行動的資訊全都彙整在一套系統中，能夠啟動並追蹤每一次客戶接觸，無論是人力親為或科技，你就該如此安排客戶互動的優先順序並有效利用團隊的時間。

增加每次客戶接觸的情報

　　雖然這個價值主張跟第一個有所不同，但是解決方法是一樣的：能夠輕鬆取得、高品質的資訊。若是沒有適當的資訊集，大多數客戶互動都只是狀態確認的電話。

　　嗨，約翰，我是你的會員經理丹恩，今天是這個月第三個禮拜四，所以我只是打個電話看看工作進行得如何，看看是不是有我可以幫忙的地方。

今天如果我們打了這樣的電話，客戶絕對有生氣的權利。我們應該知道工作進行得如何，甚至還要知道客戶是否有在使用我們的產品或者用得如何，不是嗎？就算我們沒有那些難取得的使用數據，仍然握有足夠資料能夠讓我們的電話訪問比上述那通還有用。聽起來不是應該更像下列這樣？順便告訴你，要打一通這樣的電話不需要使用任何數據：

> 嗨，約翰，我是你的會員經理丹恩，我只是想謝謝你出席上週的網路研討會，並且親自追蹤後續，看看你是否還需要更多有關那個主題的資料或指導。我也注意到你過去兩週開啟了三個跟回報相關的支援工單，如果需要我檢視你正在進行的任何報告，都請跟我說。

很容易就能看出來這樣的電話有多大用處，同時也很容易理解，如果你沒有將這些資料都統整在某個地方，要一一挖出來會有多麼麻煩，而要估量出不將這些資料挖出來的成本又要更難上加難。老實說，大部分 CSM 或會員經理都非常忙，根本沒時間去登入三、四套其他系統，找出可以讓他們下一通電話更好的資料，所以他們乾脆不做了，結果就是一大堆確認狀態的電話。這不是因為你的手下不想要拿出他們最好的表現，而是因為他們必須安排如何使用他們的時間，而通常確實做到的客戶接觸會比接觸品質更優先。顯然，為了要讓你的團隊更有生產力、更聰明，無論是高接觸、低接觸或科技接觸，你必須將某些與客戶健康相關的重要數據集結在一個容易使用的地方。

這套解決方案的價值還遠不止於為你的客戶成功學效力，而是能夠為公司裡每一個與客戶對話的人所用，如果有更多資訊可供參考，你的每一次客戶對話不是會變得更好嗎？想想這幾個例子：

- **客戶支援**：你的支援客服員常常要跟客戶對話，他們所需要的情報主要來源是他們的解決方案（如 Zendesk、ServiceCloud、Parature 等等），他們很容易就能知道客戶開啟了多少工單、在過去三十天關閉了多少、每張工單的優先性和嚴重性、平均結案時間等等，這樣很好，但是如果他們還能知道目前及未來可能的健康分數、開啟動作（而非案例）、最近一次調查結果、正面／負面使用趨勢以及逾期付款，這樣不是更有利嗎？客戶接觸是稀少而寶貴的，你公司裡每一個人都需要最有效利用。

- **產品經理**：他們不會那麼經常跟客戶談話，但是他們不會想知道客戶如何使用他們的產品（如果可以取得資料的話）、跟全部現有客戶群的整體產品使用比較起來是如何？還有，客戶擁有什麼、什麼時候買的，以及更多資訊。

- **專業服務**：你的顧問隨時隨地都跟客戶有來往互動，如果能夠更全面了解每個客戶就能大大得益。

- **銷售**：無論是要一直管理客戶的企業業務員，或者是想緊緊抓住一個開放機會的合約延展或向上銷售業務員，絕對都非常需要深入理解客戶健康，或許他們更需要的是在打電話給客戶時，絕對不會忽略掉任何地方，若是突然冒出一張高優先性的支援工單阻撓了銷售電話，而你卻一無所知，沒有比這個更糟糕的。

- **行銷**：通常會由誰來管理推薦計畫、案例研究計畫以及客戶群？行銷。他們需要非常了解客戶健康以及活動才能善盡上述這些職責。正如我們在前一章解釋過的，行銷部門中的客戶行銷已經跟客戶成功學越走越近，而這也是其中一個原因。

- **執行長**：沒有人比你的執行長更討厭有忽略之處，而也沒有員工想要成為執行長輕忽行事的原因。要了解將所有適當資訊都聚在一個地方

這個主張的價值，一個最好的辦法就是觀察執行長要打電話給客戶時，眾人如何動起來幫忙準備資料，只要發生幾次這樣的情況，眾人的忙碌程度大概就足以解釋為什麼要購買或打造這樣的解決方案。

這套解決方案通常稱為**全方位客戶視角**（360 degree view of a customer），而 CSM 科技真的讓這個夢想首度成真。過去，CRM 系統也聲稱能做到同樣的事，但結果並非如此，除非先付出大量心力將資料灌輸進 CRM 方案，而那些資料其實沒有更適合的存放空間。解決這個問題有極高的價值而且影響遠大，若是無法解決，這個機會成本也很巨大，但更危險的是這樣的成本是隱秘的。

推動可擴張性

如果在商業詞彙中還有比**可擴張性**一詞更常使用的詞彙，我想不到會是什麼。如果有人在討論可擴張性時，科技幾乎一定會是答案的一部分，這在客戶成功學當然也是真理，其實只有兩種方法可以管理不斷增加的客戶群：

1. 更多人手
2. 科技

當然，正確答案其實是 3——也就是 1 加 2。對大多數 B2B 公司來說，客戶成功學至少有一部分是以人力推動的努力成果，而這點可能一直都會是如此，而人力向來都是任何商業營運中最昂貴的部分。為了要增進獲利能力，你不能因為客戶數量成長而讓人力跟著線性增加，至少那些不會每件工作都收費的公司不能這樣做，而通常基本客戶支援和客戶成功學都是不收費的，這兩者都是高留存率和客戶滿意度所必需的，所以兩者的基本交付通常

都和 SaaS 合約綁在一起，或者在傳統公司或安裝在辦公室的軟體社群中會提供給每位客戶。

考慮到這樣的現實，要做到這點就必須運用科技才能改善生產力及獲利能力，客戶成功解決方案應該至少能夠讓生產力提升 25％至 30％，通常是以每人能夠管理的會員數量，或者以每人能夠管理的金額來估算。如果我是高接觸 CSM 並且能夠使用很棒的 CSM 解決方案，應該就能增加我以相同品質管理的客戶人數，從二十五增加到三十人，或許甚至是三十五人。如果我是管理一千名客戶的科技接觸 CSM，有了適當的科技幾乎就能讓這個數量翻倍或變得更多。如果都只是科技問題，客戶數量幾乎不重要，如果 Verizon 每個月能增加一百萬名客戶，你想他們會擔心客戶電子郵件行銷沒有擴展嗎？當然不會，他們只會寄出更多電子郵件。

相當明顯就能看出科技解決方案中的哪些面向能夠增加生產力，我們已經談過其中幾種：

- 優先排序──不要接觸不需要接觸的客戶，這可是大加分
- 效度──根據資訊而得來的見解能夠讓每次電話更有效
- 協作──我們很快就會多談論這點，不過讓分享資訊更容易是大加分
- 可取得性──關鍵資訊不再是藏在電子郵件裡，而是人人可得
- 積極性──表現積極主動所需要的努力比起救火要小太多了

或許沒有比可擴張性對於公司是否能夠存活還更重要，所以才會花這麼多錢在科技上。通常幾乎每件事情都有手動進行的方式，但只要運用得宜，科技能夠為公司幾乎每個部分帶來效率、準確性和可擴張性。

促進協作、溝通與可見性

隨著你的客戶群增加，管理他們的團隊規模也隨之成長，就算你的擴張很有效率，仍然要適當擴張人力。更多客戶就要有更多接觸客戶的人、更多層管理、更多獨立的部門／職責、更多挑戰。根本沒有辦法避開這點。只要有擴張，就需要更懂得協作與溝通，這樣的需求可以等同於甚至超越更有生產力的需求。這裡一樣非常適合應用科技，系統一詞的定義就是能夠將事情聚在一起，那些「事情」可以是做類似工作的人、做這些工作所需的資料、每件任務的狀態，以及相關的管理觀點和成果，也就是所有應該合理整合成系統的事情。

我們或許太濫用工作流程一詞，有點像可擴張性一樣，不過通常都有很好的使用理由，這點很重要。在客戶成功科技發展早期，幾乎都只專注在分析上，所有都跟數據有關，也只跟數據有關。賣家把**分析**一詞放在公司名稱裡（後來改了），因為他們認為這是終極手段，但是最後總是市場說了算，不是賣家，而市場原本也接受一切都跟分析有關這個想法，而唯一能比討論分析更好的就是討論預測性分析，但是到頭來卻像是某種障眼法。確實，分析很重要也仍然很重要，預測性分析也確實是一種合理的追求，過段時間就能為客戶成功學的努力帶來極大價值，但是分析絕對不應該成為公司或產品的焦點，這同樣能夠套用在那些想在內部自己建立解決方案的公司。需要解決的客戶成功學核心問題不是分析問題，若真是如此，老早就已經解決了，我們從來就不缺很棒的分析解決方案，從 Business Objects 到 Birst、Good Data 再到 Tableau 都是，這些都是超級棒的產品，而且幾乎每一家公司都有地方能使用其中一種，但不是用來取代並行的特定角色解決方案。需要解決的核心問題就跟 CRM 一樣，是協作與溝通問題，而要發展出一套工作流程方案來處理客戶成功人員的日常工作才能解決。

我提到 CRM，因為這是最適用此項價值主張的比喻，我要稍微擴張

範圍，因為大家都了解銷售如何運作，所以很適合用來比較。我在這裡用 Salesforce 來代表所有 CRM 系統，因為這是我最熟悉的。Salesforce 是分析工具嗎？如果你不知道的話，答案是「不是」，或者可以說得更準確一點，「**不是！**」Salesforce 的組成中有分析工具嗎？當然。在我們說話時是否不斷調整、進步？當然。有人購買 Salesforce 單純為了做分析嗎？不可能。要從 Salesforce 創造價值有許多不同的方法，特別是現在這已經成為絕佳的平台，上面建立了上千種其他應用程式。但是原始的價值主張，過去本來稱作銷售動力自動化（sales force automation，縮寫 SFA），也就是自動化銷售的功能。Salesforce 和所有 CRM 創造了一種方法，讓銷售團隊能夠管理並追蹤自己世界中的所有面向，這一切都是為了談成交易。在 Salesforce 中可以歸納出四個水桶（目標）：（1）潛在客戶、（2）聯絡、（3）會員，以及（4）機會，也就是在銷售漏斗中所需要理解並管理的一切。到頭來，銷售就是要管理機會將交易談成，這打從一開始還沒有 CRM 系統的時候就是這麼做的，CRM 系統只是在這套流程加上一些結構和法則而已，如此能為公司創造四個極有價值的成果：

1. 可預測性
2. 可預報性
3. 可重複性
4. 可見度

不經幾番折磨是達不到這樣成果的，找一家誠心使用 CRM 系統的公司，問問他們的銷售業務員，他們大概很不甘願地花了大把時間將數據輸入系統，然後在系統上管理所有流程，但是為了公司更大的利益，這是流程中必須要做的一部分，而且如果他們不做，銷售副理可能會威脅他們不得抽佣。

客戶成功學中同樣也需要這四個元素，唯一的差別在這是為了現有客戶，而非潛在客戶。這些要如何應用在銷售後的世界？

- **可預測性**：系統擁有所有數據並且追蹤與 CSM 角色相關的任務工作流程，就能夠預測未來的成果。
- **可預報性**：就跟銷售一樣，客戶成功也必須預報合約延展、向上銷售和流失情況，只有使用正確資訊並相應套用歷史結果的系統，才有助於編纂並修改出準確的預報。
- **可重複性**：只有追蹤某人的工作流程（就像流程管理），然後才能將系統用來判斷什麼有效、什麼無效，如此就能重複進行有效的工作，並丟棄無效作為。
- **可見度**：CRM 系統尤其擅長針對個別交易或者全公司的流程及預報提供管理可見度，一套優秀的 CSM 解決方案也能為客戶提供相同的見解。

我提到可見度，這是此項價值主張中的第三根支柱，另外兩根是協作與溝通，我們一直只是概略提到，但沒有仔細說明。簡單來說，協作與溝通和工作流程緊密相連，完整的工作流程引擎會包含溝通功能，讓資訊和意見能夠自由流通，這樣的設計就是要讓所有部門的步調一致。一個例子就是 Salesforce 的產品 Chatter，能夠在產品中進行溝通，這樣就能理解脈絡，而不會被淹沒在某人的電子郵件中。CSM 系統通常會利用像是 Chatter 或 Yammer 這類現有的科技，但是當然也可以打造自己的。適當的產品內溝通能夠讓你的執行長不再一想到就一直問：「Acme 最近怎麼樣？」先前提過的全方位客戶視角就處理了其中部分問題，不過最近接觸過客戶的人會提供確切的意見，能讓這些討論結束。產品內溝通可以做到，而且通常是透過評論區塊，

不過大多數人都會同意這麼做有太多缺點，無法成為優秀的長期方案。

協作跟溝通雖然相似卻又不同，協作不只是提供建議，也是分享、分配並在特定任務及活動上合作。在CRM系統中，可能包括能夠建立並儲存一份報價或提案，讓你的老闆能夠編輯並修改。CSM系統也會需要同樣的能力，或許更為需要，因為他們得將任務及活動委託給別人。客戶成功學在本質上也會納入團隊以外的人，才能解決客戶的難題。銷售部門就比較能自足，雖然你的執行長和其他主管或許會涉入特定的銷售交易，不過銷售部門很少會將特定任務轉交給團隊外的人。不是說從來沒發生過，只是比起客戶成功學更少見。CSM經常需要協助才能為客戶帶來成功，可能表示要加入一位產品經理來討論產品某個部分運作的複雜性，或者討論未來的性能；可能表示要加入一位支援客服員來解決特定問題；可能表示將某部分職務擴張轉交給他們的副理或執行長，還有當然通常工程部門也會短暫涉入。無論如何，CSM解決方案都必須允許任何任務或活動能進行必要的分享、轉交和普遍協作。

隨著團隊和公司成長，協作和溝通變得越來越重要，雖然不是說重要到超過了生產力，不過**為了**增進生產力，兩者都不可或缺。

更優秀的團隊管理

CSM科技的主要目的確實是為了幫助團隊更有效管理客戶，不過如果這套解決方案更強大，而且又如前面段落所述包含了工作流程，確實也能讓你擁有一套同樣有效的系統，幫助你管理團隊。

讓我們再看看CRM系統這個例子，至少在CRM系統仍是完全SFA（銷售動力自動化）的時候，設計的目的就是要幫助管理銷售流程，系統提供架構並執行營運原則，好讓交易維持在銷售流程上並持續往前推動。銷售副理倚靠CRM系統來告訴他，什麼時候應該催促行銷來獲得更多潛在客戶

（是說有哪一天是不用做這件事的嗎？），讓執行長知道風險在哪裡，並綜合管理他的預報。這就是為什麼 CRM 讓人無法放手，對執行長和財務長來說都有極高價值。

雖然這是原本的設計與意圖，使用者很快就發現了一項額外好處：CRM 系統有助於管理團隊，其實在這句話說**有助於**簡直太不公平了，因為 CRM 系統已經成為銷售副理的主要管理工具，所有活動和成果都能讓副理知道單一銷售業務員的工作是否正常，而不只是談成交易，這些都能在CRM 系統中找到：

- 打出的電話
- 完成的會議
- 銷售管道成長
- 建立的提案
- 銷售管道行動
- 停滯的交易
- 談成的交易／金額
- 談成所需時間
- 平均銷售價格（average selling price，縮寫 ASP）

如果你負責管理一個銷售團隊，這樣的資訊就是黃金，這些每一個數據點都能告訴你某件非常重要的事，然後更珍貴的是比較團隊中所有成員的這些數據點，這麼做能讓你設下基準、製造競爭，並知道指導的重點。同時也讓副理利用每位業務員的特殊專長，運用他們的技術來讓團隊中每個人都升級。每個團隊組成有各種不同的優勢與劣勢，領導者的工作就是要放大優勢並縮小劣勢，而 CRM 系統就是他這一路上最好的朋友，這會是很罕見的一

對一情形，並非是我們討論的前提。

　　我知道我已經講太多 CRM 和 CSM 之間的比較，但是事實很明顯，一套絕佳的 CSM 解決方案可以完成許多 CRM 系統能夠以相同方式達到的成果。一切都是圍繞著從工作流程衍生而來的核心價值主張，給 CSM 一套系統做為他們的工作空間、待辦清單、活動追蹤、優先排序機器，以及溝通與協作工具，這也代表了在同一套系統中就包含了能夠評估他們的工作效度、指導他們進步所需的一切。追蹤重要活動的能力項目就跟 CRM 一樣，只有活動本身才有差別：

- 打出的電話
- 完成的會議
- 啟動的行動
- 結案的行動（依類別）
- 完成的季度業務審查
- 其他完成的里程碑
- 合約延展／向上銷售成果
- 客戶健康分數
- 客戶滿意度分數
- 寄出／開啟／點擊的電子郵件
- 建立／更新的會員計畫

　　在客戶成功學短短的歷史中，大部分時間 CSM 的一對一行動都相當瑣碎，主要都是問這樣的問題：「你所有的客戶都開心嗎？」「有任何風險客戶嗎？」「我可以幫你做什麼？」但是一套絕佳的 CSM 解決方案改變了這一切，讓個別 CSM 和副理的生活都更加好過。畢竟，優秀的員工都想要清

楚而可評估的目標，他們要為此負責，達成目標並超越目標時也能得到獎勵；而優秀的領導者自己也想要同樣的東西，也希望他的團隊有，這樣才能解釋並獎賞恰當的行為。而且像是銷售副理，他們想要知道團隊中的優勢與劣勢，這樣才能分別管理。在第十三章專門針對客戶成功學成為衡量指標有更多討論：客戶成功法則 9，「透過嚴格的衡量指標來執行客戶成功學」。

　　有效管理團隊的另一個面向是要清楚理解團隊的能力，安排人力以求在公司的成本限制下發揮最大的工作成效，CSM 解決方案會是這個流程中極有價值的一部分。我們先前已經提過，客戶成功學就像銷售一樣是能夠帶來收益的組織，這表示如果要增加額外人力的合理理由便是收益或訂閱增加，「團隊中每個人真的都很忙」這個藉口對你的執行長已經不再有用了，你必須清楚表達出每多一位 CSM 至少能夠提升多高價值，而只有 CSM 解決方案能提供這樣的答案，幫助你追蹤所有相關的衡量指標，幫助你達成任務。

　　這些都是 CSM 科技能夠帶給團隊的關鍵價值主張，不過這張清單還有很多列不完的項目，我們沒有提到回報、儀表板、意見調查、數據整合、視覺化、電子郵件功能、同類群組分析、會員計畫、CRM 整合、外部數據追蹤等等，還有許多其他功能都是一套功能完整解決方案不可或缺的一部分。而且要記住，這趟歷程只有三至四年，今日可取得的科技真的只是冰山一角。

　　絕佳的客戶成功科技方案還有最後一點好處，因為客戶成功學仍是相當年輕的組織，其中一個難題就是要真正在主管團隊裡占有一席之地。主管團隊中的大部分職位都是因為多年來所提供的傳統價值才得以存在，這些位子屬於銷售副理、行銷長、財務長、科技長、工程副理、營運長、營運副理、資訊長等等，我們在前一章已經長篇討論過，許多公司中的權力轉移以及客戶長的出現正在改變這點，不過科技讓客戶成功主管能夠量化自己的價值並提出客觀成果，證明自己正努力成為有貢獻的參與者。這並不是新的概念，

幾乎其他大型組織中，每一個都有專屬自己領域的應用程式，能夠幫助他們管理運作及團隊、量化成果，合理解釋他們額外的需求，而客戶成功學只是最新加入戰局的團隊。從基本條件來說，大型組織需要有力的領導者，而有力的領導者需要科技協助，在客戶成功學的新世界中正快速發生。

第 17 章

訂閱經濟已來，我們未來往哪裡去？

我們要開始談飛天車了對不對？每個故事展望未來的時候不都有飛天車嗎？在這個情況下，或許那些飛天車其實是谷歌的自動駕駛飛行車，而當然，上面會搭載客戶成功機器人，每個成本只要幾美元，而只要我們產品的每位客戶有需要就會出現，引導他們如何完美使用並盡可能達到最高的投資報酬率。客戶流失已經是遙遠記憶中的事了，每位客戶都是終身客戶，下一代總是**那麼**輕鬆就能得到。

好了，該從美夢醒來了，在這現實世界裡多花一點時間。未來無疑會為我們生活中每個部分帶來劇烈改變，客戶成功學也不例外，事實上因為這個組織還年輕，而且又依賴科技，其變化的步伐可能會比大部分法則都大得多。

預測未來、預測什麼會變、什麼不會，這是一門危險生意，不過要說起來一點也不難，反正就說：「一切都會改變。」我很確定我們在這本書中所討論的客戶成功學，當中很多元素都會持續變化、成熟，還有許多其他元素會在不同時間點站到聚光燈下。如果這本書在幾年內還不會過時，我反而會覺得驚訝而失望，前方還有大好美景等著呢。下列是幾種會改變或者繼續改變的領域，可能包括：

1. 客戶成功學的重要性會持續成長，超越 SaaS。

2. 客戶長這個角色／職銜會繼續崛起。

3. 客戶成功法則會更加清楚、變得更好。

4. 客戶成功學組織會變得更專注在營運上，而少依賴關係。

5. 各家公司會發現並量化客戶成功學的價值。

6. 對客戶成功學經驗的需求會持續超越供給。

7. 大學會開始教導客戶成功學。

8. 科技進展會迅速加快，客戶成功學解決方案會變成必備，而不是有的話很好。

9. 透過客戶成功學而上位的執行長會變得越來越普遍。

10. 客戶成功學運作會變得像銷售運作一樣合理而必要。

11. 「一對多 CSM」會成為一種職位描述，並且擁有高價值。

12. 客戶成功學領域的同類相聚會變得比較不有趣，因為會有太多人踏入客戶成功學，我們都會認識擔任這個角色的人。

13. 不只是有更多新創公司，大企業也會進入科技市場。

14. 一些目前的科技供應商會占得主導地位並進行 IPO。

15. 越來越常看見客戶成功副理站上證交所台前為 IPO 敲鐘。

16. 獲利會議會經常專注在客戶留存率上，並呼喊客戶成功學口號。

17. **客戶成功**一詞會出現在《資訊週刊》（*Information Week*）、《富比士》（*Forbes*）或《財星》（*Fortune*）這類出版刊物的封面上。

18. 整體流失率並不會下降，因為只要客戶成功學行動有進步，轉換賣家的差異就會持續縮小。

19. 各大管理顧問公司都會根據客戶成功學設計實務。

20. 會有許多書籍探討這個主題。

客戶經濟

　　隨著 SaaS 公司發展成熟，基本上每家公司都會想要成為經常性收入企業，很容易就能預測到客戶成功學的價值和可見度將越來越高。在經常性收入企業中一定要實施客戶成功學，而且總是會將之擺在最顯眼的地方。但是其他企業中，受到權力從賣家轉移到客戶手上的影響，也必須要接受客戶成功學的部分哲學與實務。記住，客戶成功學是第二波浪潮，而不是第一波，第一波浪潮是轉型為經常性收入企業模式，將客戶擺上了王位，同時社群媒體和簡單就能取得所有資訊的事實形成一股市場動力，讓客戶（企業與消費者）持續獲得權力。無論有沒有公關團隊，沒有賣家能夠遮掩自己的失敗，而成功的故事則會迅速傳開來，如今毫無疑問是客戶的時代。事實上我要將左軒霆的「訂閱經濟」一詞往前推一步，創造出含義更廣的新詞：**客戶經濟**。

　　在客戶經濟中，客戶（嚇到了吧！）擁有的權力會越來越多，我們已經看見這一點在網路時代的進展中發生，因為資訊越來越容易取得，這股潮流完全可以說還沒結束，海嘯越接近岸邊時就會越來越高，所以才有這麼大的破壞力，而訂閱經濟海嘯也仍在越堆越高，而且離岸邊還有很長一段距離，其最高點和破壞力依然未知。我們已經看到軟體界中的冰山一角，但是這波海嘯卻不會僅僅破壞一個市場，訂閱經濟已經大大擾亂了軟體界，而網路就是交付工具，考慮到這點，很容易也很合理就能推斷出這波擾動基本上也會擴及到其他產業，只要看看計程車業如何受到優步和 Lyft 干擾，而 Airbnb 又如何擾亂了飯店業，就會發現這件事已在我們眼前上演。這些擾動的每一次都對客戶有益，因為擾動就提供了選擇，而且是更好的選擇，什麼也阻擋不了。如果客戶發現更好的方法，就會選擇更好的，市政府與工會可以盡量跟優步對抗，到頭來他們也贏不了。所有客戶一起，總是最後的贏家。

　　因此，如果每種產業都會受到干擾而讓客戶受益，那麼每家公司就必須

要更專注、更努力投資在照顧客戶上，那就是客戶成功學的本質。到目前為止的成就非常了不起，但是在我們休息之前還有很長的路要走，那些適應最快的人就能存活下來，而全心接納客戶運動的人則能夠利用其中的好處，而不會遭到踩踏，大概就是只有這兩條路走。你可以選擇當湖濱書店（Waldenbooks）並對抗亞馬遜及網路（然後認輸），或者可以當邦諾書店並接納網路，跟亞馬遜在他們的戰局中對抗並存活下來。客戶在世界上每種產業中都變得越來越重要也越來越有力量，包括你的，該是時候開始認真思考客戶成功學了。

今日「理想的」客戶成功學

與其夢想著飛天車和客戶成功機器人，不如討論一下在今時今日理想的客戶體驗可以是什麼樣子，應該更為實際，大概也更有用，尤其是有這麼多公司才剛剛踏上這趟旅程。基本上，在今日執行完美的客戶成功學對大多數人來說感覺很未來，讓我們深入探討，看看可能會是什麼樣子。

虛構賣家：翼端軟體公司（Wingtip Software, Inc.），翼端是一家 SaaS 公司，生產為中小企業以及中端市場客戶設計的線上訓練解決方案，他們營運已經五年，有穩定成長，預估在 2015 年結束時 ARR（年度經常性收入）能達到 4,000 萬美元，擁有一千六百名客戶，現在的整體訂閱年費方案是 25,000 美元，仍持續成長，這年一開始是 21,000 美元，在第四季就會超過 35,000 美元。翼端已經停止銷售年度價值低於 1 萬美元的合約，但是帳面上仍然有兩百名這類客戶。在高端市場，他們已經開始進軍大企業客戶，擁有十五名 ARR 超過 15 萬美元的客戶。在投資者的堅持下，他們很早就開始投資客戶成功學，知道公司的未來就靠這個了。他們的客戶成功副理是第二十三號員工（總員工人數是三百二十人），要負責所有銷售後功能，包括培訓、訓練、客戶支援、專業服務以及典型的客戶成功學。他的團隊總共有

一百一十人，其中有二十一名屬於典型客戶成功團隊，他們分別負責以下功能：

- 十三名中端市場 CSM，其中兩人專門服務頂端的二十五名客戶，另外十一人則每人管理約五十名客戶。
- 四名中小企業 CSM 以混合模式管理六百名客戶。
- 一名 CSM 要負責建立一對多計畫，提供給所有 CSM 使用，並以純粹科技接觸模式管理剩下的客戶。
- 兩名 CSM 是主任，一位主導中端市場，一位主導中小企業／科技接觸。
- 一名是客戶成功營運人員，很快就會有兩名。

　　虛構客戶：金融力公司（Financiality, Inc.），金融力是一家科技暨服務公司，為銀行及金融經紀人提供數據分析工具及諮詢。金融力購買翼端的解決方案，因為他們需要一套工具幫助公司更輕鬆建立並追蹤隨選隨看的產品訓練課程，金融力在翼端的 2014 年第二季末購買產品，簽下一份 ARR29,000 美元的一年合約，還有購買一次性的中端市場培訓套裝，價值 15,000 美元。

　　金融力屬於翼端的低接觸客戶階層，意思是規劃中的客戶體驗會結合一對一接觸以及自動化接觸。現實通常不會一如預期，所以實際的體驗到目前為止大概是像這樣：

- 2014 年 6 月 30 日──金融力與翼端簽約。
- 2014 年 7 月 1 日──翼端 CRM 系統中的必要細節資訊自動匯入了客戶成功系統，並且根據演算法為會員指派合適的專案經理與 CSM，

演算法會考慮到工作負荷量以及循環制系統。

- 2014 年 7 月 1 日──金融力的資深教育主任喬・史密斯（Joe Smith）負責簽署合約，他收到了翼端執行長寄出的個人化電子郵件，這是由翼端 CRM 系統自動發出的，歡迎他加入翼端的大家庭。信中同時介紹翼端的培訓專案經理雪儂・瓊斯（Shannon Jones），並大概介紹接下來會如何進行。

- 2014 年 7 月 1 日──雪儂透過電子郵件跟喬聯絡，並安排專案啟動會議。

- 2014 年 7 月 2 日──喬收到翼端透過亞馬遜寄來的感謝禮物，這是因合約談定而自動啟動的程序。根據銷售業務員在 CRM 系統中所做出的決定，禮物是一個品質優良的鑰匙圈，上面刻了翼端的公司標誌與喬的名字。

- 2014 年 7 月 2 日──雪儂研究了翼端 CRM 系統中關於金融力的資料，以判斷在進行專案之前是否有問題要跟銷售團隊確認。看起來是萬事俱備，所以她決定不必發起交接會議就能進行。

- 2014 年 7 月 2 日──雪儂的收件匣收到一封喬不在辦公室的自動回覆，信中說喬的有薪假會一直休到 7 月 14 日。

- 2014 年 7 月 2 日──雪儂馬上將培訓專案標註為有風險，因為在她的 SLA（服務級別協定）中規定的專案完成時間是從合約簽署後的八週內，而在起始日期就有兩週延誤會讓 SLA 非常不可能完成。

- 2014 年 7 月 15 日──喬回覆雪儂對於啟動會議的要求，他們安排在 7 月 16 日。

- 2014 年 7 月 16 日──除了雪儂和喬，喬也帶來兩位重要的團隊成員一起參加啟動會議，並重新審視專案計畫，他們做了一點修改，但是雙方都同意重要的里程碑日期，包括 9 月 5 日就是啟用日期。

- 2014 年 7 月 16 日——雪儂更新了翼端客戶成功系統中的重要里程碑日期，仍然將專案標示為**有風險**狀態，因為預定的啟用日期已經超過 SLA 中規定的八週。

- 2014 年 8 月 14 日——五個里程碑中有三個已經順利按時完成，客戶成功系統自動發出電子郵件給喬和他的專案團隊，介紹負責他們的 CSM 瑪麗・哈利森（Mary Harrison），並且告知他們，隨著啟用時間越來越近，瑪麗也會參加接下來幾週的重要會議。

- 2014 年 8 月 15 日——瑪麗開始在客戶成功系統中監看金融力的產品使用狀況，並設定一套標準規則，如果有符合的狀況就會以電子郵件通知她。有些規則是以風險為基礎（使用率下降 25％），有些則是機會（金融力的授權產品中啟用了 80％），她也開始在客戶成功系統中建立會員健康分數計算，考慮到金融力的購買日期及規劃用例，開始追蹤金融力的整體客戶健康。

- 2014 年 9 月 5 日——專案計畫中的所有項目都已完成，啟用會議開始，雪儂和瑪麗一起主持會議，將對金融力的服務交棒給下一個人。金融力簽名確認專案完成，瑪麗正式從雪儂手上接過會員管理責任。

- 20014 年 9 月 8 日——喬收到了由翼端客戶成功系統自動發出的培訓評估調查，因為他們完成了啟用里程碑。喬回覆了並針對專案滿意度給了五分的滿分。

- 2014 年 9 月 8 日——因為專案滿意度超過了四分，所以金融力在客戶成功系統中的風險標示就移除了，將他們的整體健康分數提升到七十八分，這在第二季所有客戶中屬於非常高分。

- 2014 年 9 月 30 日——簽署合約的九十天後，喬以及金融力中所有翼端產品的使用者都收到翼端的第一次淨推薦分數調查，這是由客戶成功解決方案自動發送的。

- 2014 年 10 月 7 日——瑪麗收到了客戶成功系統的通知，有一位使用者在調查中的回覆給了負面的四分，瑪麗馬上直接追蹤使用者的後續狀況，並幫助她重新回到軌道。

- 9 月 11 日至 11 月 3 日——翼端的客戶成功系統中出現三個不同通知，金融力的新使用者登入了翼端系統，可是在接下來七天內卻只讀了不到三頁，這會讓系統自動發送電子郵件給各個使用者，提供幾種技巧和訣竅，並附上可連結到隨選隨看的「開始使用翼端」訓練影片。在這三位使用者開啟電子郵件並按下連結觀看影片後，客戶成功系統會追蹤他們的回覆，接下來一週他們的使用率就有明顯增加。

- 9 月 23 日及之後——每一位使用者只要同時達到五十次登入、五百頁瀏覽的門檻，就會透過電子郵件收到一張 10 美元的星巴克電子卡，由翼端客戶成功系統自動啟動。

- 2014 年 11 月 17 日——瑪麗收到通知，金融力在過去七天開啟了五項支援案例，這是危險信號，於是她跟喬追蹤後續並安排和她的支援主任進行檢視，以確保解決了所有問題。

- 2014 年 12 月 8 日——瑪麗透過視訊進行執行業務審查（EBR），檢視前九十天的進展並為接下來的九十天規劃里程碑，第一次 EBR 是現場進行，不過她向金融力解釋說未來的 EBR 會依循相同的格式採用簡報檔進行，會從她的客戶成功解決方案自動寄給他們，同時附上自動產生的意見調查檢視接下來九十天的目標。

我知道這有點無聊，但是客戶生命週期的前九十天非常重要，你必須運用適當的工具和流程來理解你能為客戶創造什麼樣的體驗，也要記住客戶最有可能的流失時機就在第一次合約延展的時候，或者如果沒有延展的問題，就會在客戶生命週期早期。從第一天就開始好好管理客戶體驗至關重要。

我們不必像前述那樣巨細靡遺，不過還有一些活動可能或一定會在跟客戶合作的第一年發生，包括：

- 每次支援案例結案後就自動寄出意見調查。
- 每九十天自動寄出 EBR 簡報檔。
- 在合約延展前九十天再寄出一次淨推薦分數調查。
- 自動提醒即將到來的合約延展並附上延展報價。
- 因為額外的風險或機會而自動寄出電子郵件。
- 偶爾與瑪麗進行一對一會議，或者因為已經超過前九十天了，會有另一名同個團隊的 CSM，而是否需要一對一會議取決於風險或機會的本質。
- 支持金融力的翼端主管每年會與他們碰面一次。
- 合約延展的費用匯入後會自動再寄出一份禮物。

如果你再讀一次第一年的流程，就會發現那並不完美，培訓流程開始和結束都算晚，又因為調查分數較低以及開啟太多支援工單而出現風險，但是這些風險都很快並有效解決，這就是客戶真正期待的。另外流程中也加入了讓人開心的時刻。我相信，排除那些異常狀況之外，只要翼端的產品能為金融力帶來真正的商業價值，他們非常有可能多續一年合約。

對你們許多人來說，我所描述的情境就像一場白日夢，所以我才會放在這一章裡，這一切在今日也絕對可以做到，所以這樣說起來不算是未來，但是我敢說對大多數公司而言，這樣的情境非常未來。

星巴克與客戶成功學

萬一你還覺得客戶成功學只能用在 B2B 的 SaaS 公司上，讓我用一個個

人故事來作結，並分析其中的客戶成功學，雖然不是用這個名稱，但特點完全一樣。

我愛星巴克，我不喜歡咖啡的味道，但是我愛星巴克。我知道你們有許多人不喜歡星巴克，或許甚至為了各種原因而對他們有強烈的負面情緒，我知道咖啡專家（也就是裝模作樣的傢伙）不喜歡星巴克的咖啡，而更有可能跑去喝皮式咖啡（Peet's）、菲爾茲（Philz）、Caribou、Tim Hortons 或甚至 Dunkin' Donuts 的咖啡，我在這裡不是要爭論咖啡的品質或口味，就像我說的，我甚至不喜歡咖啡，而且告訴你，咖啡因對我一點影響也沒有，但是我有沒有說過我愛星巴克？讓我告訴你為什麼，看看你是否同意這六點特色可以歸類為客戶成功學：

1. 星巴克無所不在，所以不管在哪個城市，要在辦公室以外的地方開會總能在附近找到一家。
2. 他們在每家店提供免費 Wi-Fi，所以只要你有需要，就可以當成辦公室或家以外的辦公室。
3. 一定有地方可以坐下，而且通常都是非常舒服的座位，幾乎都會有戶外座位可選擇。
4. 不管你停留多久，絕對不會有一定要買東西，或者要買更多的壓力。
5. 員工幾乎總是很友善，甚至是非常努力要保持友善。我經常造訪的至少有三家店，他們都知道我通常會點什麼、我的名字，或兩個都知道。
6. 每家店都能以同樣價格買到同樣的產品（除了機場）。

總之，這只是初步的清單。你們許多人都知道，熟悉感真的是件好事，尤其是在旅行時。嘗試新東西很有趣，但是熟悉的東西能讓我們想起家的感

覺，給我們信任感與安慰。這就是為什麼麥當勞會這麼受歡迎，就算是在某些地方吃麥當勞會讓人覺得你瘋了。對我來說，不管旅行去到哪裡都很容易找到一家星巴克吃早餐、下午稍作停留，或者有個方便的地方與人碰面。

　　對我來說，這所有一切加起來就形成了客戶成功學，他們先是建立了行為忠誠度，因為這麼做就是那麼方便，接下來他們也建立起態度忠誠度，至少我很忠誠，而且顯然還有其他幾百萬人同感。我已經用**愛**這個字好幾次來形容我對星巴克的忠誠，這就是定義態度忠誠度的關鍵字。而且就像我們已經討論過的，客戶成功學的核心就是要建立態度忠誠度，這可不是簡單就能做到的，我們已經提過，首先要這麼做很昂貴，而且就是無比困難。你有認識哪個人愛他的加油站嗎？你有認識哪個人愛他的藥局？你有認識哪個人愛他的郵局？你可能會說：「嘿，這樣講不公平，因為那些都只是商品，提供相同的產品或服務。」而我會說：「那咖啡呢？有哪一種食物，或許可口可樂是例外，會比咖啡還更像商品？」你每天開車會經過多少地方，你一樣可以買杯咖啡而且花費更少的錢？但是到處都能看到星巴克，通常有人排著隊等待點餐，你還能想到有哪個品牌會讓人願意排隊？毫無疑問，我對態度忠誠度所想到的第一個例子就是蘋果。如果你是星巴克，然後將你客戶的忠誠度與蘋果客戶的忠誠度相比，這打擊可大了，一週打你六天，星期天還多打一次。

　　如果星巴克只能指望客戶對咖啡的需求或渴望，他們會願意多花錢來開能夠坐下的店面嗎？當然不會，這樣很貴；他們會花錢買幾千把綠色遮陽傘設置戶外座位嗎？當然不會，這樣也很貴。如果星巴克的所有意義就是提供咖啡，每一家店都可以做成得來速，他們不會投資客戶成功學來推動態度忠誠度，然後從中獲益。在我寫作時，星巴克的市值將近 810 億美元，跟好市多（Costco）相比高出 25%。

　　現在要記得，我們不是在討論客戶服務，而是在討論客戶成功學。客戶

服務的意思僅限於確保飲品的品質、你會拿到自己點的東西，而且在合理時間內做好。提供空間讓客戶休息、提供免費 Wi-Fi，並且記得他們的名字已經超越了客戶服務，而是客戶成功學。

　　星巴克還做了一件事情來穩固對大眾的吸引力，以及對我的吸引力，那就是拓展了客戶成功學視野。星巴克建立了常客計畫，而且結合了最新科技而形成非常厲害的成品。

　　第一張星巴克隨行卡是在 2001 年 11 月向大眾發行，在接下來八個月間就啟用了超過四百萬張隨行卡，做為對比，在 2016 年 12 月底，光是一天的啟用量可能就會超過這個數字。無論如何，星巴克隨行卡也變得相當普遍，或許是史上最受歡迎的禮物品項，建立起卡片持有人的忠誠度，而且也釣到了許多還不是常客的新客戶。雖然這絕對不是什麼新點子，在這個市場卻很天才。

　　然後星巴克又將忠誠度計畫往前推了一步，把隨行卡放進我的智慧型手機。早在 PayPal Wallet、Apple Pay 或 Android Pay 問世以前，星巴克已經數位化了忠誠度計畫，讓我可以放在手機裡。然後他們在每一家店都投資了掃描機，這樣我就可以用手機付款，今天，所有星巴克消費中有整整 20％都是透過移動裝置付款。然後還不只如此，星巴克又做了一件事，有些人可能會覺得這件事很隱秘，他們開始獎勵我的每次消費，他們稱之為星禮程，每做十二次消費以及在我生日當天都能獲得一杯免費飲品，這聽起來沒什麼，但是會抓住你，就像你在聯合航空累積到一定里程數，就會越來越難去訂另一家航空公司的機位。如果我要想坐下來喝杯咖啡，不如就找一個像家的地方還會獎勵我在那裡的消費。現在每個禮拜都會有行銷活動：買一杯特定品項就能拿到三顆星星、買兩杯與好友分享就能得到六顆獎勵星星，諸如此類，而且這麼做有用。常客計畫一定有用，如果沒有就不會有這種計畫了，對吧？那就是將一位消費者的零售經驗加以延伸，變成像是訂閱模式。在不久

的將來，我相信我就可以購買星巴克的按月訂閱，讓我能夠無限暢飲常喝的飲品。

而且，將忠誠度計畫數位化只是開始，星巴克的應用程式還讓我能夠在卡片餘額低於特定額度時自動儲值，這樣就消除了有意識的支出，這是世界上每家公司都會想對客戶做的事。就某些方面說來，這甚至比訂閱還要好，擁有訂閱的所有好處但卻不是真正的無限，每一杯飲料和每一盤食物都是有付費的。今天我還可以先從應用程式點餐，這樣等我抵達時飲料就做好了，而且星巴克快送也不會太久了。

當然，忠誠度計畫真正的魔法在於讓我們消費者認為自己是受益者（我們確實是），但真正的利益卻流向賣家。我這裡說的不是金錢利益，而是資訊，我們不必仰頭張望尋找，就能發現身邊的公司對我們的認識或許比我們能接受的還要多，我很快就能想到臉書、亞馬遜和谷歌，以及不管我使用的是哪家公司的瀏覽器。想想星巴克所握有關於我和其他幾百萬人的資訊有多麼珍貴，我很肯定星巴克只要根據每家店供應的冷熱飲比例，就能告訴你國內每家店外頭的氣溫多高；星巴克也能根據當天的來客數評估某地區的暴風雨強度。

說得極端一點，這類資訊很危險，可能甚至是非法的。我經常會想，聯合航空是不是知道我願意為了靠窗座位付 69 美元，所以才告訴我訂位的班機上標準費用的座位只剩下中間座位，就算這不是真的。我不是說他們真的會這樣，只是說或許會這樣。星巴克寄給我一張折價券，但我必須先購買我最喜歡的飲品才能使用，他們絕對可以預測我的行為，這並不難，但是他們可能也知道我的舒適圈有多大，我會願意付多少來贏得一顆獎勵星星，我會買從來沒試過的東西嗎？或者我只喝過三次的東西？有了大量樣本，星巴克每天都可以做實驗，如果他們想知道就會知道。

但是我們要回頭談態度忠誠度，星巴克跟我建立起來的忠誠度說服了

我，讓我願意分享在其他情況絕對不會分享的資訊，同時也說服了我讓星巴克對我做各種促銷（你也可以稱之為垃圾郵件），甚至說服了我基本上每次買一杯飲料就是直接從我銀行帳號扣款。如果客戶成功學之道就是要建立態度忠誠度，那麼星巴克已經跟幾百萬像我這樣的客戶建立了這種忠誠度，並獲得空前的利益。

我先前已經說了不是每個人都愛星巴克，但是我想分享星巴克的客戶成功學故事，因為我覺得比起某個 B2B 賣家銷售你永遠不會用的軟體，這個故事比較容易理解，但是 B2B 賣家的客戶成功學難題就跟星巴克或聯合航空的非常類似，一樣都要投資在人力、科技和流程上，才能打造出可以達成態度忠誠度的客戶體驗。一家公司只要做到這點，就已經鋪好了一條通往整體成功的康莊大道，因為態度忠誠度能夠長久，不會因為一次糟糕經驗就消失。要記得其中牽涉到的關鍵字是**愛**，總是得要一連串的錯誤才能將**愛**轉變為**喜歡、不在乎**，或**討厭**。態度忠誠度就像你銀行帳號裡的錢，你可以在需要時提款，知道帳號裡不會空空如也，除非你一直提款。一家公司願意投資在客戶成功學並認真看待，不太可能會將忠誠度帳號提領一空。

客戶成功學在客戶經濟當中不只是一個流行的點子，或者可以試試看的好事，而是必需。你的客戶期待你能做到，如果還沒也快了，而且你能夠取得越來越多專業技能和科技，幫助你踏出第一步，或者幫助你發展在產業中占得先機的工作流程，能夠達成可能是最棒的客戶體驗。這不是火箭科學，甚至也不是新點子，只是現在時勢所趨，不得不為。

承諾投入客戶成功學很難，要執行起來也很昂貴，但是在許多企業中已經是必須要做的事，很快在你的公司中也是如此。你可以抵抗或接受，自己選一個，但我建議你接受，而且我誠摯希望這本書的一些見解和實務建議能夠在一路上協助你，希望你的旅程一切順利。

名詞表

ACV 年度合約價值（annual contract value）縮寫，見「ARR」。

Amazon Web Service 亞馬遜雲端運算服務，透過網際網路存取伺服器、儲存、資料庫和各種應用程式為企業提供資訊基礎設施服務。

ARR 年度經常性收入（annual recurring revenue）縮寫，是衡量每年自然發生的經常性收入的指標。

attitudinal loyalty 態度忠誠度，有時也稱為情緒忠誠度（emotional loyalty），指消費者內心對於品牌的認同程度。

B2B 企業對企業（business-to-business），一家企業販售產品／服務給另一家企業。

B2C 企業對客戶（business-to-consumer）縮寫，一家企業販售其商品或服務給消費者。

behavioral loyalty 行為忠誠度，有時也稱為智能忠誠度（intellectual loyalty），指消費者願意再次購買相同品牌的決策。

CAB 客戶諮詢委員會（customer advisory board）縮寫，邀請客戶組成委員會，直接以用戶觀點提供回饋與具體需求，公司可直接傾聽客戶意見。

CAC 客戶獲取成本（customer acquisition cost）縮寫，是獲得單一客戶的平均成本。

carryover effect 滯後效應，指上一期商品／服務的標準對下一期標準的影響。純粹由統計本身的特點所決定，其與報告期的表現無關。

CCO 客戶長（chief customer officer）縮寫，在以客戶為核心的公司中負責管理與公司客戶的整體關係。

CES 客戶努力程度分數（Customer Effort Level Score）縮寫，是一種相對較新的標準，用來評估客戶跟一家公司做生意的輕鬆程度，以從非常不同意至非常同意的七分制量表來衡量，需要追蹤的是在處理問題是否容易，有多少比例的作答者認為至少「還算同意」。

challenger sales approach 挑戰式銷售法，銷售人員敢於挑戰客戶原有認知，掌控整體銷售流程，為客戶找到最有效解決方案，達成銷售的目的。

churn 客戶流失，是企業既有客戶因故終止業務往來，客戶成功學正聚焦於預測客戶可能的流失因素，並先行採取措施以維繫客戶。

CIO 資訊長（Chief Information Officer）縮寫，負責管理及規劃公司內部資訊系統和資訊資源的高級行政管理人員。

CMRR 約定每月經常性收入（committed monthly recurring revenue）縮寫，是衡量承諾每月續訂收入的指標。

company success agent 公司成功專員，指公司產品／服務的行銷及吸引潛在客戶的人，傳達你公司的價值主張。如果你的客戶能同時是你的公司成功專員，將會更快吸引更多使用者。

COP 實務社群（community of practice）縮寫，透過對特殊活動或興趣分享專業技術和熱情而聚在一起的社群團體，具有論壇的功能。

CRM 客戶關係管理（Customer Relationship Management）縮寫，是企業與現有客戶及潛在客戶之間關係互動的管理系統。藉由對客戶資料的歷史積累和分析，增進企業與客戶之間的關係，從而最大化增加企業銷售收入和提高留存率。

CRO 收益長（chief revenue officer）縮寫，或稱首席營收長。

cross-sell 交叉銷售，除了原有消費外，將額外的產品／服務銷售給現有客戶。

CSM 客戶成功經理（customer success manager）縮寫，職責為落實客戶成功學法則。也可能冠上其他不同頭銜，例如帳戶經理、客戶關係經理、客戶倡導員，以及客戶管理專員，本書通稱CSM。

customer satisfaction 客戶滿意度，即客戶對一個產品／服務可感知的效果與期望值相比較後，形成的愉悅或失望的感覺狀態。大都是以五分制的量表來評量，可能各有不同。關鍵是能夠和歷史數據做基準對比。

customer advocacy 客戶倡導，用以描述快樂而成功的客戶能夠在推動賣家進程中所扮演的關鍵角色，亦即「支持你的顧客，顧客也會支持你」。與客戶成功互補。

customer focus group 客戶焦點團體，即由小群客戶組成團體，藉由團體互動以收集客戶對公司產品／服務的想法、意見、知覺、態度與信念。

Customer Success（CS） 客戶成功、客戶成功學，Salesforce 首創客戶成功的概念，是一個組織或哲學，其設計目的就是要為客戶帶來成功，目標是希望能將客戶留存率及 LTV 最大化。

CX 客戶體驗（customer experience）縮寫，指在客戶生涯中整體客戶體驗的評估與管理，包括了解與管理客戶與賣家每次接觸的客戶體驗，整體過程包括從業務、培訓、費用、客戶支援到合約延展。目的在提高客戶整體體驗，以提升公司價值。

DRR 收入續約率（dollar renewal rate）縮寫，本期收入比上一期收入的比率，這是評估訂閱商業模式價值最重要的標準。

EBR 執行業務審查（executive business reviews）縮寫；公司雙年度、每年度、季度或定時業務回顧及表現評估，包括客戶對其評價及自我評價。通常是採評分方式。

EPS 每股盈餘（earnings per share）縮寫，企業每為一張股票賺到多少錢，是評估購買股票的指標。

ERP 企業資源計畫（enterprise resource planning）縮寫，ERP 系統藉由資訊技術將企業營運中包括財務、會計、人力資源、製造、配送、以及銷售等流程中所需的資料即時整合，並將整合資料都匯入會計模組中。

frequent flyer/shopper program 飛行／購物常客獎勵計畫，飛行常客獎勵計畫即許多航空公司給忠實乘客的獎勵方案，例如累計飛行里程、使用這些里程兌換免費機票、商品和服務以及其他類似貴賓休息室或艙位升等獎勵。購物常客獎勵計畫亦是給予常客特殊服務的方案。

go-to-market funnel 　市場漏斗，指產品／服務進入市場前的流程。

high touch 　高接觸客戶，即數量少、訂閱年費高的客戶，公司需要以人力密集的組織進行一對一或大量接觸，要為其保留庫存或預先設定好的各種互動（事先安排或未安排），你要做的包括非常清楚的培訓過程、每月報告現況會議、定時執行業務審查、現場訪視（可能很頻繁或者一年一次）、預告即將更新……

IPO 　首次公開募股（Initial Public Offerings）縮寫，是公司透過證券交易所首次將股票賣給大眾。

just-in-time（JIT） 　即時，是一種生產管理的方法學，源自於豐田生產方式（Toyota Production System）。透過減少生產過程中的庫存和相關成本，改善商業投資報酬率的管理策略。

KPI 　重要關鍵績效指標（key performance indicators）縮寫，用以衡量管理工作成效，是將公司、員工、事務在某時期表現量化與質化的一種指標。可協助優化組織表現，並規劃願景。

leaky bucket 　漏桶效應，企業不維繫顧客，使顧客就像漏桶的水一樣流失。

low touch 　低接觸客戶，客戶數量及訂閱年費中等，公司偶爾需要一對一服務（但不如高接觸客戶需要預設大量指導、教育或協助，但又不像科技接觸客戶般間接），你需要的是套裝的培訓過程、不需每月報告現況會議、不定時執行業務審查、不需現場訪視、僅自動更新……

loyalty creation 　忠誠度創造，即企業藉由優化產品體驗來創造擁有高忠誠度（尤其態度忠誠度）而且對收益有實質貢獻的客戶。

LTV 　客戶終身價值（lifetime value）縮寫，又稱為 Customer Lifetime Value（CLTV/CLV），是計算顧客（訂閱戶）與賣家維持買賣（合約）關係時間內的淨收益貢獻值。

LTV / CAC 比例 　一單位的 CAC 能帶來多少 LTV。公司可以確定在行銷和銷售中應該花多少成本才能獲得最大增長。

MRR 　月度經常性收入（monthly recurring revenue）縮寫，是一項衡量每月自然發生的經常性收入的指標。

NPS 　淨推薦分數（Net Promoter Score）縮寫，其意義為詢問客戶是否願意向他人推薦你的公司，以了解目前服務的客戶有多少人願意支持你的品牌。通常是採評分方式：從零至十分的十一分制量表，分數的計算方式是從九至十分的占比減去零至六分的占比。

PAC 　產品諮詢委員會（product advisory council）縮寫，由產品管理團隊代表廣大的現有客戶群推動產品功能改善、改善客戶體驗，並直接影響產品設計。

partial churn 　部分流失，在客戶並未流失的情況下而損失合約價值。部分流失是來自於產品的流失、退還未使用的授權，或者客戶協商要求更低的折扣。

pay-as-you-go 　按次計費，帳單到期即付。

perpetual license 　永久授權，購入一項具有版權、專利或著作權的產品能永久（或特定時段）被使用而不需要再支付權利金。

PM 　產品專員（Product Manager）縮寫，從「使用者」（客戶）角度出發，管理包括發想、討論、規劃、製作產品以滿足使用者需求、至上市的整個過程。

PMF 產品市場媒合度（product market fit）縮寫，意即產品／服務符合市場需求。

QBR 季度業務審查（Quarterly Business Reviews）縮寫，意即公司每一季度表現評估，包括客戶對其評價及自我評價。通常是採評分方式。

renewal 延展合約，可以是明確延展（即簽約），也可能不明確（自動延展或非選擇退出）。

retention 留存率，某一時段內的新增客戶數中再經過一段時間後仍啟動該應用的客戶比率。

SaaS 軟體即服務（Software as a Service）縮寫，是一種軟體交付模式。在這種交付模式中雲端集中式代管軟體及其相關的資料，軟體僅需透過網際網路，而不須透過安裝即可使用。

sales enablement 銷售支持（又稱為銷售賦能），為銷售團隊有效吸引買家、提高產品／服務銷售收入而提供關於內容、指導、培訓而不斷持續優化的流程。

Salesforce 提供按需定製客戶關係管理服務的網路公司，總部位於美國加利福尼亞州舊金山。

SBR 策略性業務審查（strategic business review）縮寫，意即公司每一季度對商業策略的評估，包括客戶對其評價及自我評價。通常是採評分方式。可能是一季一次或其他頻率。

second-order revenue 第二階收益，來自現有客戶推薦（或客戶更換工作並將產品／服務帶到新公司）的收益。當公司建立品牌和成功的客戶群，這類收入將隨時間而增長。

SKU 庫存單位（stock-keeping unit）縮寫，為便於管理商品所使用的最小庫存單位，每項產品均有對應的唯一 SKU。

SLA 服務級別協定（service-level agreement）縮寫，即服務等級協定。是關於網路服務供應商和客戶的契約，承諾服務類型、服務質量和客戶付款。

SOW 工作說明書（statement of work）縮寫，對公司所要提供的產品／服務或成果的敘述性描述。

subscription economy 訂閱經濟，指客戶訂閱（定期收取或租用）長期使用某產品／服務。消費者行為從「擁有」轉向「使用」，「一次買斷」轉向「長期訂閱」。

tech touch 科技接觸客戶，數量多、訂閱年費低的客戶，公司與客戶的一切接觸都是透過科技為主的方法，能夠一次與一位以上的客戶互動，或將互動轉移到社群，你要做的包括電子郵件、數位廣播節目、社群（能夠交流想法並透過虛擬管道跟其他客戶交談的線上通道）、使用者團體、客戶高峰會……

top-line-revenue 頂線收益，損益表上的第一行，亦即營收淨額（簡稱「營收」，Net Revenue）。

UI 使用者介面（user interface），使用者實際接觸產品時操作使用者介面的選單或指令，來運用背後的程式。實務開發上則包含外觀、前端和互動設計等範疇。

upsell 向上銷售，銷售更高級的產品／服務，或是相關配件給現有客戶，以提高銷售額。

User groups 客戶群，又稱 使用者群、用戶群；為客戶的群組。

UX 使用者體驗（User Experience）縮寫，著重的是使用產品／服務整體流程的體驗，要考慮其整體觀感。

絕對續訂！訂閱經濟最關鍵的獲客、養客、留客術

作者	尼克‧梅塔、丹恩‧史坦曼、林肯‧墨菲
譯者	徐立妍
商周集團榮譽發行人	金惟純
商周集團執行長	王文靜
視覺顧問	陳栩椿
商業周刊出版部	
總編輯	余幸娟
責任編輯	林　雲
封面設計	陳文德
內頁排版	邱介惠
出版發行	城邦文化事業股份有限公司-商業周刊
地址	104台北市中山區民生東路二段141號4樓
傳真服務	（02）2503-6989
劃撥帳號	50003033
戶名	英屬蓋曼群島商家庭傳媒股份有限公司城邦分公司
網站	www.businessweekly.com.tw
香港發行所	城邦（香港）出版集團有限公司
	香港灣仔駱克道193號東超商業中心1樓
	電話：(852) 25086231傳真：(852) 25789337
	E-mail：hkcite@biznetvigator.com
製版印刷	中原造像股份有限公司
總經銷	聯合發行股份有限公司　電話：(02) 2917-8022
初版 1 刷	2019年8月
定價	380元
ISBN	978-986-7778-78-9（平裝）

Customer Success: How Innovative Companies Are Reducing Churn and Growing Recurring Revenue
Copyright © 2016 by Gainsight.
Nick Mehta, Dan Steinman, Lincoln Murphy
Complex Chinese translation copyright © 2019 by Business Weekly, a Division of Cite Publishing Ltd.
First Published by John Wiley & Sons, Inc
ALL RIGHTS RESERVED
版權所有，翻印必究
Printed in Taiwan（本書如有缺頁、破損或裝訂錯誤，請寄回更換）
商標聲明：本書所提及之各項產品，其權利屬各該公司所有。

國家圖書館出版品預行編目資料

絕對續訂！訂閱經濟最關鍵的獲客、養客、留客術 / 尼克 . 梅塔 (Nick Mehta),
丹恩 . 史坦曼 (Dan Steinman), 林肯 . 墨菲 (Lincoln Murphy) 著；徐立妍譯 . --
初版 . -- 臺北市：城邦商業周刊, 2019.08
　面；　公分
譯自：Customer success : how innovative companies are reducing churn
and growing recurring revenue
ISBN 978-986-7778-78-9(平裝)

1.金融危機 2.國濟經濟

561.78　　　　　　　　　　　　　　　　　108007238

金商道

The positive thinker sees the invisible, feels the intangible,
and achieves the impossible.

惟正向思考者，能察於未見，感於無形，達於人所不能。 —— 佚名